Collection
souris
noire

dirigée par
François Guérif

L'auteur

Alix Clémence – Né trop tard pour devenir une des grandes figures de la Résistance française. Absent de Paris en mai 68, a raté de peu l'occasion de devenir un des leaders du mouvement estudiantin. Incapable d'anticiper sur les effets de la mondialisation galopante, ne parvient pas à faire fortune en spéculant à la Bourse. C'est pour toutes ces mauvaises raisons qu'Alix Clémence a décidé d'imaginer des histoires pour la radio, la télé, le cinéma et maintenant d'écrire des bouquins en prenant comme pseudo les noms de ses deux dernières filles.

Du même auteur

• *Le disparu de Cabrérac*
Souris noire

Aux éditions Didier-Richard, collection « Petites Traces noires » :

• *Le mouflon se marre encore*
• *La louve et le paparazzi*

Alix Clémence

Ninon et l'homme en noir

Illustration de couverture
Jacques Ferrandez

souris noire

SYROS
jeunesse

Catalogage Électre-Bibliographie
Clémence, Alix
Ninon et l'homme en noir. – Paris : Syros, 1999. – (Souris noire poche ; 31)
ISBN 2-84146-654-X
Dewey : 811.5 : Albums et fiction. Romans. Aventures et voyages
Public concerné : Adolescents (à partir de 11 ans)

1

Le tueur de femmes seules, moi je le connais ! Hier, j'ai fait son portrait. De mémoire. Je l'ai représenté face à la mer, debout au sommet d'une dune de Saint-Jean-des-plages.

Il porte une écharpe de soie blanche sur un long manteau qui s'ouvre et flotte comme deux ailes noires autour de sa haute silhouette maigre.

Le plus impressionnant ce sont ses yeux : immenses et noirs, au milieu de son visage maigre, comme taillé dans du bois dur. Ils brillent et lancent des éclairs de lumière à vous glacer le sang. Je suis fière de moi, c'est un portrait très ressemblant. Si on me le demandait, je pourrais leur dessiner tous les endroits où il rôde la nuit. Je pourrais aussi leur faire plein d'autres portraits du *serial killer*, comme le nomment les journaux. Dans un autre de mes rêves, il m'aurait suffi de tendre la main pour le toucher. Cette nuit-là, il était parvenu à se hisser jusqu'à moi, au sommet de la falaise où je m'étais réfugiée.

Ça me fiche une telle trouille de penser à ce type que – sans m'en rendre compte – j'enclenche le grand plateau. Je fonce pour rattraper ma mère, qui a disparu depuis une bonne minute de mon horizon.

C'est dur. Un début de crampe mord mon mollet droit. Je fais semblant de ne rien sentir. J'appuie encore plus fort sur les pédales. L'étroit ruban d'asphalte gris se déroule de plus en plus vite devant ma roue avant. Au bout de cent mètres à peine, la douleur devient insupportable. À mi-côte tous les muscles de ma jambe droite se mettent en boule ; histoire de me faire comprendre qu'il y en a marre de les solliciter de la sorte. Dans un dernier effort je parviens à atteindre le sommet... À peine la descente entamée, je dois freiner à mort pour éviter la collision. Maman, son vélo entre les jambes, est plantée au milieu de la piste cyclable.

– Alors Ninon, qu'est-ce que tu fais ? Si tu continues à traîner comme ça, on va finir par arriver en retard !

Pas la force de répliquer. Tout ce que je peux faire c'est ouvrir la bouche en grand et vider d'un seul coup tout l'air et le feu contenus dans mes poumons.

Tu parles si je m'en fous, moi, d'arriver à l'heure ! Pour ce qui me concerne, la base de La Palude ça veut dire passer l'après-midi à attendre à la regarder faire des ronds en l'air. Cette année, maman s'est mis en tête de passer son premier degré de pilotage en ULM !

Au lieu de prendre la voiture pour nous rendre à la base, elle a absolument voulu qu'on s'y rende à vélo. Vingt kilomètres sans poser le pied à terre, ni prendre le temps d'admirer un paysage plat et monotone comme le dessus de la main.

2

Maman est une intoxiquée du sport. De n'importe quel sport. Du moment que ça bouge et que ça fait transpirer.

Maintenant que je suis assez grande pour la suivre, aux grandes vacances, elle m'entraîne avec elle à la découverte d'une nouvelle discipline. Cette année c'est l'ULM. L'année dernière c'était le canyoning.

Quatorze jours à Tende, dans les Alpes du Sud, à grimper jusqu'au sommet de falaises plus hautes et escarpées les unes que les autres. À peine arrivées en haut, nos moniteurs nous équipaient de casques et de gilets de sauvetage tout autour du ventre, avant de nous faire redescendre dans l'eau glacée des cluses. L'horreur ! Heureusement, ça n'a duré que quatre jours, au lieu des vingt et un prévus. L'après-midi du quatrième, au milieu de la descente du toboggan de l'Infernet, maman s'est coincé la jambe entre deux rochers sous-marins. Grosse entorse du genou. Ça l'a obligée à faire de la chaise longue pour le reste de ses vacances. Une activité qui me convenait bien mieux. Je l'avoue sans honte : je ne raffole pas de sport et la position assise est la plus confortable que je connaisse pour pratiquer mes deux véritables passions : le dessin et la lecture. Quoi que je fasse, une journée sans lire ou dessiner ne peut être pour moi complètement réussie. Tout ça pour expliquer que le vélo en plein vent, à deux heures de l'après-midi, c'est pas mon truc. À douze ans, je ne peux que suivre ma mère, mais sans aucun enthousiasme !

Mon père qui, pas plus que moi, n'a le goût des exploits sportifs a trouvé la parade. Il ne viendra nous rejoindre que dans quelques jours, à la fin des vacances. Comme tous les ans à cette époque, il est resté à Paris pour négocier un important contrat avec des acheteurs de cognac, venus de l'autre bout du monde. C'est un malin mon papa !

Cette année, ces derniers jours du mois d'août au bord de l'Atlantique, c'est carrément mortel. Quand il ne pleut pas, c'est que le vent souffle en tempête, comme aujourd'hui.

Depuis qu'on a quitté la ville, j'ai beau me baisser sur mon guidon, j'ai l'impression de faire du surplace. J'en peux plus. En une heure on n'a pas dû faire plus de quinze kilomètres. J'ai beau me dire qu'au retour j'aurai le vent dans le dos, ça ne me remonte pas le moral.

Pour la fin de ces vacances, l'ambiance n'est pas terrible à La Rochelle et dans les environs. Comme si ça ne suffisait pas, à ce temps pourri il faut ajouter la peur de tomber sur le tueur à l'écharpe, qui rôde, la nuit, quelque part dans la région. À la recherche de sa cinquième victime, qu'on retrouvera au petit matin, pendue comme les quatre autres, une écharpe de soie blanche autour du cou.

3

De loin, au milieu de cette plaine, les bâtiments blancs abandonnés font penser à un décor de film d'horreur.

L'ancienne base américaine ressemble à une ville fantôme de l'Ouest des États-Unis. Une petite bourgade perdue en plein désert, dont tous les habitants auraient fui, ou seraient morts au cours d'une catastrophe.

Je les entends hurler alors que nous franchissons le pont qui enjambe la route à trois cents mètres de l'entrée du camp. Affamés de sang et de chair fraîche, ils ont dû nous sentir de loin.

Ils sont là, comme hier, au centre de la cour entourée d'un haut grillage. Leurs pelages noir et fauve luisent de sueur. Leurs yeux lancent des flammes jaunes. Leurs canines ivoire brillent dans leur gueule écarlate. Sans se soucier du collier de métal qui laboure les muscles de leur cou, les deux pitt-bulls se tordent, bondissent et tirent de toutes leurs forces sur les chaînes d'acier. Ces monstres n'ont qu'un seul but : se jeter sur nous pour nous déchirer les chairs, les dépecer à pleins crocs et se repaître de notre sang.

Au passage, maman tourne la tête vers les deux molosses et leur tire la langue

– Complètement cinglés ces deux-là ! Sales cabots ! Beuuuuu !

C'est malin ! Ça décuple la fureur de ces chiens cannibales.

J'utilise les dernières forces qui me restent pour appuyer encore plus fort sur les pédales. Dans le même temps, j'adresse au Ciel une prière muette, pour qu'il nous laisse le temps de franchir la zone dangereuse. Mon Dieu, puissiez-vous faire que l'anneau scellé, qui retient les deux fauves au mur du hangar, résiste assez longtemps pour nous permettre de fuir ! Amen !

À peine franchi l'angle du grand bâtiment, le bruit du moteur lancé à pleine puissance couvre les aboiements des chiens. Au milieu de la grand-rue, à cinquante mètres de là, le petit avion aux ailes et à l'empennage tendus de toile jaune déboule au milieu de la chaussée. Il fonce droit sur nous. À quarante mètres, j'aperçois le visage du pilote. À trente mètres, je bloque des deux freins. À vingt mètres, je saute de mon vélo pour courir me réfugier contre le mur d'un bâtiment. À quinze mètres, je me retourne et crois sentir dans mon dos le souffle de l'hélice qui hache l'air autour de moi. À moins de dix mètres, le petit avion jaune pivote brusquement vers la droite pour s'engouffrer dans l'ouverture d'un vaste hangar.

Le silence hurle brusquement à mes oreilles. Derrière moi, maman se met à rire. Je m'en veux de me retourner. Souriante, comme à son habitude, madame ma mère a simplement posé pied à terre pour admirer, avec le plus grand calme, le hachoir à moteur qui s'apprêtait à découper en rondelles sa fille unique.

Furieuse, je remonte sur mon biclou pour repartir, droit devant. Je ne veux surtout pas qu'elle voie les larmes que je ne parviens plus à ravaler et qui débordent sur mes joues. Je l'entends derrière moi qui m'appelle. Non ! Je ne veux pas lui répondre. Tout à la fois malheureuse et satisfaite de l'entendre de loin me supplier de revenir.

J'ai honte de le dire mais, dans des moments comme ceux-là, j'en veux à la terre entière. À commencer par maman, bien sûr ! Maman, si belle, si grande, si intelligente et si souriante. Je lui en veux de lui ressembler de moins en moins. Je lui en veux de ne rien faire pour empêcher que mon visage ne se transforme chaque jour en une pâte molle, informe et sans grâce. Je lui en veux de mes cheveux gras et filasses, qu'elle m'oblige à laver presque tous les jours. Je lui en veux de ces boutons... et ces points noirs ! Horribles et dégoûtants petits comédons, qui viennent s'incruster sur les ailes de mon nez et jusque dans le pavillon de mes oreilles ! Je lui en veux d'avoir un corps et des membres qui ne cessent de s'allonger, au point de me faire ressembler à un pantin maigre et désarticulé.

Je lui en veux surtout de ne rien faire pour empêcher ma poitrine de commencer à poindre et trouver normal que des poils, longs, noirs et frisés, se mettent à pousser comme du chiendent sur certains endroits de mon corps ! Je la déteste de me sentir aussi moche et bâclée. Je la déteste et je l'aime, parce qu'elle m'a tout expliqué. Tout ce qui allait m'arriver. Elle a vécu, elle aussi, cette transformation, au même âge que moi. Elle m'aime, je le sais. Je ne devrais pas lui en vouloir.

Mais n'empêche que j'ai une sacrée trouille !

Sans m'en rendre compte, j'ai pédalé jusqu'à l'autre bout de la base. La rue se termine devant un bâtiment qui a l'air entretenu et en bien meilleur état que toutes les autres constructions à l'abandon sur la base. Un cadenas et sa grosse chaîne de métal servent à fermer la lourde porte coulissante qui est restée entrouverte. Je descends de mon biclou pour aller jeter un œil entre les deux vantaux. L'intérieur du grand bâtiment est plongé dans l'ombre. Il est rempli d'objets colorés, de grandes dimensions, aux formes bizarres.

4

La tentation est trop forte pour que mon éducation de petite fille sage et obéissante me retienne plus longtemps.

Je me glisse entre les deux panneaux de fer et j'entre. Je n'y vois rien. L'obscurité m'entoure de toute part.

Il ne me faut que quelques secondes pour que je reconnaisse l'odeur de la peinture acrylique – je l'utilise pour peindre certaines de mes toiles. En même temps, ma vue s'habitue à cette pénombre grisâtre. La lumière du jour tombe des verrières du toit, tout là-haut, au-dessus de la charpente métallique.

Lorsque je me retourne, les griffes acérées luisent au-dessus de ma tête. La gueule grande ouverte, un monstre de trois mètres de haut, moitié loup, moitié homme, brandit vers moi un de ses bras velus. L'autre bras, en fil de fer et laine de verre, est posé devant lui sur le sol. Juste à côté, une fée Carabosse borgne, de même dimension, à cheval sur son manche à balai, a perdu sa mâchoire inférieure, remplacée par un haut-parleur qui pendouille au bout de ses fils. L'homme-loup et sa copine la sorcière ne m'ont absolument pas fait peur. En fait, ces deux personnages et ceux que j'aperçois tout autour d'eux n'ont pas été fabriqués pour ça. Le loup-garou porte un pantalon et des chaussures à la Charlot, et l'extrémité du balai de la fée Carabosse a été transformée en fusée Ariane 5.

Le nez en l'air, je fais des découvertes toutes plus extraordinaires les unes que les autres. Ici, c'est un Dracula qui plante ses canines dans un concombre géant. Plus loin, c'est un King Kong qui berce dans ses bras une poupée Barbie emmaillotée comme un nourrisson. Il ne fait aucun doute que celui ou celle qui a fabriqué ces marionnettes géantes a dû bien s'amuser. Chaque personnage, chaque détail, chaque accessoire ont été sculptés et peints par un artiste de grand talent, qui ne manque pas d'humour.

J'avance vers l'extrémité gauche du hangar, où l'odeur de la peinture acrylique est plus forte. Plusieurs grands châssis entoilés sont installés devant une large baie vitrée. L'artiste ne doit pas être loin. La peinture qui les recouvre n'est pas encore sèche.

Ce que je découvre là n'a absolument rien à voir avec le style et la forme des personnages de foire qui occupent la plus grande partie du hangar. Cet arbre mort, de l'autre côté du pont de pierre qui enjambe un torrent de galets gris, ces landes couvertes d'ajoncs qui brillent sous l'éclat d'une lune bleu pâle sont incroyablement plus impressionnants que toutes les canines et toutes les griffes que j'ai découvertes à l'entrée de l'atelier. Mais, bien plus que le talent et l'habileté de celui ou celle qui les a créées, c'est une impression d'angoisse et de tristesse qui se dégage de ces grandes peintures.

Comme attirée par un aimant, je retourne sur mes pas pour me diriger vers l'autre extrémité du hangar. Un espace a été dégagé devant une seconde baie vitrée, au milieu d'un fouillis de pots de peinture, de châssis et d'objets divers, qui s'entassent tout autour. Un drap blanc recouvre une quatrième grande toile, installée sur un chevalet d'atelier. J'éprouve aussitôt l'étrange sensation de me trouver dans un lieu interdit ; un endroit où je ne devrais pas me trouver. J'ai la trouille. Mais là encore ma curiosité est plus forte que ma peur. Je veux voir ce qui se cache sous ce drap... À l'autre extrémité du hangar, les lourdes portes roulent sur le sol, avant de se heurter dans un fracas de métal entrechoqué. L'écho se répercute jusqu'au toit de tôles ondulées. Le tonnerre gronde au-dessus de ma tête et fige mon bras, à l'instant où je vais soulever le tissu blanc. Un pas lourd avance dans ma direction. Prise de panique, je cherche autour de moi une porte, une ouverture, une échappatoire par où je pourrais m'enfuir et disparaître.

D'un seul coup, mon cœur a pris toute la place à l'intérieur de ma poitrine. Je viens de l'apercevoir. C'est lui ! C'est l'homme en noir ! Son grand manteau flotte autour de sa silhouette maigre. Il vient de me remarquer. Il lève un bras dans ma direction. J'entends son pas résonner plus vite sur le sol de béton. En proie à la plus folle des paniques, je tourne les talons pour fuir droit devant moi.

Lorsque j'aperçois la vaste ouverture qui conduit à un second hangar, je crois tout d'abord que la chance me sourit. Mais, à peine franchi le seuil du grand bâtiment, je suis obligée de m'arrêter, incapable de faire un pas de plus. Si le premier hangar n'était pas très éclairé, celui-ci est carrément plongé dans une obscurité totale.

5

Derrière moi les pas se rapprochent de plus en plus vite. Dans le premier hangar, l'homme en noir fait tomber plusieurs objets sur le sol.

Il se met à courir dans ma direction. Il m'appelle : « Petite ! Petite ! Attends-moi ! » Terrorisée, je plonge droit devant, en pleine obscurité.

Bing ! En plein front. Qu'est-ce que ça fait mal ! Un objet dur comme du bois. Peut-être bien du bois d'ailleurs ou autre chose ! Je ne le saurai jamais. Poussée par une trouille qui grandit de seconde en seconde, je continue d'avancer. Je n'aperçois même pas la main que je tends devant moi pour me protéger. Re-bing ! Cette fois-ci c'est la cheville droite qui vient d'en prendre un bon coup. Bien plus que la douleur, c'est la peur qui me fait le plus mal. Je ne retiens plus mon cœur qui tape dans le fond de ma gorge. J'étouffe. Je m'affole. Je repars pourtant. Cette fois ma main tendue heurte un objet lisse et froid. Mon pied droit se pose sur quelque chose qui pourrait être un matelas en mousse. L'épaisseur molle glisse sous ma semelle. Je perds l'équilibre sans voir à quoi je peux me rattraper. Je tombe lourdement sur le sol de béton. Je n'ai pas la force de retenir un cri de peur et de souffrance. Pas très loin, l'homme en noir vient de franchir la porte du second hangar. J'entends son souffle. Je l'imagine, immobile, guettant sa proie, prêt à bondir. Il ne doit pas être à plus de cinq mètres de moi. Je me relève dans l'obscurité totale en battant l'air devant moi. Je gonfle mes poumons de la plus grande réserve d'air possible. Je bloque ma respiration. À l'instant où je décide de bondir droit devant moi, mon pied gauche heurte un objet métallique. Immédiatement, sur ma droite, la lumière vive d'une puissante lampe électrique vient me clouer sur place. Derrière le flot de lumière je distingue sa silhouette inquiétante. Je vois briller ses yeux phosphorescents. C'est horrible ! Il me fait encore plus peur que dans mes rêves ! Pétrifiée, tout comme la souris que le serpent hypnotise, je me sens incapable de faire le moindre mouvement. Sa voix grave, avec un drôle d'accent, résonne dans l'obscurité.

– Surtout ne bouge pas ! Regarde. Le jet de lumière cesse de m'éblouir pour éclairer le sol devant moi. Je ne distingue rien d'autre qu'une sorte de grand carré noir posé sur le sol. N'avance surtout pas !

Ce fourbe tente de se faire rassurant et de me persuader qu'il est inoffensif. Avant que j'aie pu esquisser un geste, l'homme en noir a bondi et fait trois pas en avant, pour m'empêcher de fuir.

Le faisceau de sa lampe plonge dans l'immense fosse où luisent, tout au fond, des débris de métal tranchant. Tout ça à moins d'un mètre de mon pied droit.

– Viens par ici !

Bien entendu je ne bouge pas. Si l'homme en noir veut m'étrangler, il lui faudra venir me chercher. Jusque-là. De toute façon, j'ai bien trop la trouille pour pouvoir faire un pas. Que ce soit en avant ou en arrière.

C'est horrible. Il se met à rire. Il doit savoir que je suis incapable de fuir, et ça l'amuse ! D'un seul coup la fureur m'envahit. Je n'ai plus peur du tout. Pour un peu c'est moi qui lui sauterais dessus !

– Si vous faites encore un pas dans ma direction, je vous préviens, je hurle ! Mes parents sont tout près d'ici.

Je ne crois pas si bien dire. Un grondement de moteur passe juste au-dessus du hangar. Maman et son moniteur viennent justement de quitter le plancher des vaches.

Le faisceau de la lampe se relève et bascule en arrière pour venir éclairer le visage et le torse de l'homme en noir.

– Je te fais peur ?

Je me demande si je ne me suis pas affolée un peu vite. C'est vrai qu'il est grand et mince. C'est vrai aussi qu'il a des yeux qui me paraissent immenses. Mais les siens sont simplement foncés et, en tout cas, absolument pas phosphorescents. C'est vrai aussi qu'il porte une longue blouse. Mais la sienne est blanche et couverte, sur le devant, de taches multicolores. Ses cheveux tout gris et frisés, sa moustache épaisse et son sourire, qui découvre de grandes dents blanches, ne ressemblent pas du tout au portrait que j'ai réalisé la veille. Ça me soulage même si, en même temps, je me sens une vraie godiche.

– Tu es rassurée ? Alors viens. Par ici, tu ne risques rien.

La lampe éclaire à nouveau le sol devant moi. Le premier pas est le plus difficile. Après, je fais tellement vite que je lui rentre presque dedans.

– Suis-moi.

6

Quand on se retrouve dans le premier hangar, l'homme à la blouse de peintre ne s'arrête pas devant la toile recouverte du drap blanc.

Au contraire, il se retourne et, sans cesser de me sourire, il me fait signe de le suivre. Comme dans un labyrinthe, nous contournons des caisses et des grands objets, hauts de deux à trois mètres.

Sans doute des marionnettes géantes, recouvertes de bâches de toile verte. Finalement on traverse tout le hangar pour arriver dans un espace découvert, devant une autre baie vitrée. Là, sur un grand établi, une tête de lézard géant nous regarde en louchant.

L'homme se retourne vers moi. Il sourit et désigne la tête du monstre aux dents fourchues. Il passe son bras derrière le crâne, sans doute pour appuyer sur un mécanisme qui commande l'ouverture de la gueule. Le monstre rigolo déploie ses mâchoires et darde vers moi une langue qui ressemble à un sucre d'orge de toutes les couleurs.

– Si tu ne me dis pas ton nom, je lui ordonne de te manger toute crue !

Je souris pour bien lui montrer que je n'ai absolument pas la trouille.

– Ninon ! Ninon Wagner !

Les yeux du peintre s'assombrissent et ça lui donne un drôle d'air quand il me pose sa question.

– Ta maman, c'est cette dame blonde qui vient depuis le début de la semaine prendre des cours de pilotage avec Serge ?

– Oui, c'est elle.

– Elle est vraiment très belle et si jeune... Mais toi aussi, tu es une très jolie jeune fille, Ninon !

Avant que le peintre ne m'en ait fait la remarque je préfère tout de suite préciser :

– Mes yeux bridés, c'est du côté de mon père. Mes cheveux châtain clair, c'est du côté de ma mère. Je n'ai pas ajouté que mon cerveau est un juste équilibre entre mes deux parents et que j'en suis très fière. Même si c'est vrai. Je ne lui en dis pas plus. Je ne le connais pas encore assez pour ça. Ce qui me fait réfléchir, c'est que ce type nous ait déjà vues sur la base. Moi, je suis certaine de ne l'avoir jamais vu ni rencontré. Il me regarde et finit par comprendre que je me pose des questions. Il me sourit encore plus fort. Ça finit de me rassurer et de me donner le courage de le questionner à mon tour.

– Et vous ? Comment vous vous appelez ?

– Milos. Je suis bosniaque. Tu as entendu parler de la Yougoslavie ?

– Là où il y a eu la guerre ?

Les yeux de l'homme se voilent de tristesse.

– Oui. J'habitais Sarajevo. Avant.

– C'est vous qui avez fabriqué tout ça ?

– Oui. Je suis peintre et créateur d'automates. Tu aimes ce que je fais, Ninon ?

– Ah oui ! Vos marionnettes géantes sont vraiment super. Géantes ! C'est vous aussi qui avez peint ce qui se trouve de l'autre côté de votre atelier ? C'est très beau, mais c'est vachement triste.

– Certes, tu es jolie mais aussi sacrément

curieuse. Sa remarque me fait sourire. Je pense à ma mère, qui me reproche tout le temps de m'intéresser à ce qui ne me regarde pas. C'est une commande. Un décor pour une pièce de théâtre.

– C'est quoi l'histoire ?

– L'histoire d'une fille qui assassine tous les hommes qui tombent amoureux d'elle. J'ai seulement peint ce que le metteur en scène m'a demandé de peindre.

Je n'ai pas oublié l'autre tableau, recouvert d'un drap blanc.

– Et le tableau qui est posé sur le chevalet, au fond du hangar. C'est pour la pièce de théâtre aussi ?

Là, je comprends tout de suite que ma question l'embête.

– Tu l'as vu ?

– Non. Mais j'aimerais bien !

Je vois bien que Milos fait semblant de s'intéresser au réglage d'un moteur électrique. Il prend tout son temps pour me répondre.

– C'est un travail personnel.

– Vous voulez bien me le montrer ?

Je sais que j'exagère, mais il m'intrigue vraiment ce tableau caché. Là encore, je vois que Milos n'est pas franchement heureux que j'insiste. Il finit par hocher la tête. Pour la première fois, il ne me sourit pas pour me répondre.

– Non ! Il n'est pas terminé. Je te le montrerai un jour... Plus tard. Lorsqu'il sera achevé.

Le temps passe vite. Milos est vraiment un type super. Comme s'il n'avait que ça à faire, il me fait visiter presque tout le hangar. Il soulève même plusieurs bâches pour me montrer ceux qu'il appelle ses « pensionnaires ».

Milos est un des derniers créateurs d'automates en Europe. Il fabrique des personnages animés aussi bien pour des parcs de loisirs que pour des propriétaires de « trains fantômes ». Il a même travaillé pour un sultan d'Indonésie. Cet homme, qu'on dit le plus riche du monde, s'est fait construire un parc d'attractions privé. Seulement pour lui, sa famille et ses invités !

Pendant la visite de son atelier, Milos me demande dans quelle classe je suis. Il me demande aussi ce que font mes parents. Je lui dis qu'on habite Paris et que je prends des cours de dessin et de peinture le mercredi, chez un peintre professionnel. Milos me dit que peindre n'est pas un métier, mais bien plus une passion. Selon lui, c'est très difficile d'en vivre. On ne peint pas toujours ce qu'on aime.

De retour devant la grande baie vitrée, mon nouveau copain me propose de regarder quelques-uns de ses carnets de croquis, pendant qu'il termine de régler le mécanisme qui commande la tête du lézard. Chaque croquis, chaque esquisse au crayon ou à la gouache m'arrachent des cris d'enthousiasme tout à fait sincères. Ça me permet aussi de mesurer tout le chemin qui me reste à faire avant de pouvoir me vanter de savoir dessiner et, plus encore, de dire que je sais peindre.

J'ai l'impression que nous venons à peine de faire connaissance, Milos et moi, lorsque le bruit du moteur de l'ULM repasse au-dessus du toit du hangar et me rappelle à la réalité.

– Il ne faut pas trop que je tarde, sinon maman va finir par s'inquiéter.

– Je te raccompagne. Les portes en fer sont trop lourdes pour que tu puisses les ouvrir et ressortir toute seule.

Lorsque je me glisse entre les deux battants de métal et que je me retourne pour lui dire au revoir, j'hésite. Je ne sais pas si je dois lui serrer la main ou lui faire la bise. Comme la grande main de Milos vient à ma rencontre, ça règle la question. Quand je lui tends la mienne, le peintre la serre un instant pour la retenir. Milos a une force incroyable. Je suis certaine qu'il a fait attention à ne pas me faire mal. N'empêche que je ne sens plus le bout de mes doigts. Ils sont tout engourdis.

– Si tu reviens un de ces jours, apporte-moi tes dessins. Ça m'intéresserait de voir ce qu'une petite curieuse comme toi est capable de faire. Et ce coup-ci, ne va pas te planquer dans le hangar quand j'arrive ! J'aime les enfants, mais pas au point de les manger.

Quand je me retourne, pour repartir sur mon biclou, mon copain Milos a retrouvé son beau sourire, qui le fait ressembler à un grand cheval avec des moustaches.

Tout le long de la traversée de la base, j'ai gardé sur les lèvres la trace du sourire que j'ai fait à Milos lorsque nous nous sommes quittés.

En chemin, j'ai décidé que je reviendrais le voir demain, avec une sélection de mes dessins les plus réussis.

Quand je freine pour arrêter mon biclou

devant le terrain d'atterrissage de l'école de pilotage des ULM, je constate, avec amertume, que ma disparition prolongée ne semble pas avoir affolé ma mère. De l'intérieur du hangar elle me fait juste un petit sourire, accompagné d'un signe de la main, tout en continuant à parler avec Serge, son pilote-instructeur. Tiens ! Serge ! Parlons-en de celui-là ! Une grosse brute, que je n'aimerais pas rencontrer dans un coin désert par une nuit sans lune... Il ressemble à ces gorilles qui vivent tout au fond de la forêt tropicale. Pire que tout, ce sont ses tatouages. Pour la plupart, des dessins et des inscriptions mystérieux, qui bleuissent ses avant-bras, gros comme des jambons de Bayonne. Des tatouages, Serge en a aussi sur les mains, larges et épaisses comme celles d'un tueur. Il a même une étoile qui couvre une grande partie du dessus de sa main gauche. Plusieurs points bleus décorent – si l'on peut dire – chacun des doigts de sa main droite. Son physique et ses tatouages lui donnent des allures d'évadé du bagne. À bien y réfléchir d'ailleurs, ce type a certainement fait de la prison. Il me suffit de croiser son œil méchant sous une tignasse jaune qui ne sait pas que le peigne a déjà été inventé pour que j'en sois pratiquement certaine.

L'aller-retour, La Palude-La Rochelle, plus le cours de pilotage de maman, le tout mis bout à bout fait que, lorsque nous arrivons au Gabut, il n'est pas loin de six heures. Les jambes en marmelade de coton et le dos arqué comme le dessus d'un cintre, je freine enfin devant l'entrée de la résidence-hôtel des Flots bleus. Nous y habitons depuis quinze jours. Je n'en peux plus, je n'ai plus douze, mais quatre-vingt-douze ans ! Mon corps me fait mal de la pointe des orteils à la racine des cheveux.

Comme si ma fatigue n'était pas suffisante, Guillaume sort du magasin de son oncle et s'avance en courant à ma rencontre.

– Tu viens d'où ?

– De la base de La Palude. Aller et retour. KO ! Je suis morte.

– C'est vrai, ça fait une trotte. Tu viens ? On va jouer au bord du quai.

– Qu'est-ce que tu veux qu'on fasse ?

Guillaume a le chic pour me proposer des jeux qui demandent plus de muscles que de cervelle.

– Ben... Je sais pas, on verra sur place.

– Une course de vélo, autour du bassin des chalutiers, ça te dirait ?

Le neveu du boulanger ne se rend même pas compte que je me fiche de lui.

– Ouais, super ton idée ! Je vais chercher mon VTT.

C'est maman qui met un terme à ce qui allait devenir un gros malentendu entre Guillaume et moi.

– Il est tard, Ninon... Je voudrais que tu prennes une douche avant de passer à table.

D'habitude, l'idée de prendre plus d'une douche par jour ne m'enthousiasme pas mais là, pour échapper à mon « copain », j'en prendrais bien deux de suite.

– Tu as raison maman. Je vais me doucher et après je t'aiderai à préparer le dîner. À une autre fois Guillaume !

Maman n'en revient pas d'avoir une fille devenue aussi soudainement raisonnable. Quant à Guillaume, il est vraiment déçu de ne pas pouvoir se mesurer à moi.

– Bon, ben salut ! Au revoir Madame.

– Au revoir Guillaume.

– On remet ça à demain, la course ?

– D'accord, à demain. Mais pas trop tôt... Je voudrais dormir un peu.

À dix jours de la fin de mes vacances, pas question de me fâcher avec le seul garçon de mon âge qui habite encore le quartier du Gabut. Il est gentil le neveu du boulanger. Comme son oncle qui, dès qu'il aperçoit maman ou une personne de sa connaissance, accourt du fond de son magasin pour lui faire la causette. Dans la journée le pauvre homme a tout son temps pour bavarder avec les gens qui passent. L'an passé sa femme a quitté la boulangerie familiale, pour suivre un représentant en confiserie. Ce n'est pas la rumeur publique qui fait courir un méchant bruit. C'est monsieur Galéa lui-même qui raconte au premier venu qu'il n'a pas su garder cette perle rare, avec qui il vivait le grand amour depuis vingt ans. Depuis ce jour funeste – elle est partie pendant qu'il dormait, après avoir passé sa nuit à pétrir –, monsieur Galéa n'a plus le goût à rien. Son pain non plus par la même occasion. Guillaume passe donc ses vacances moitié à aider la vendeuse qui remplace la patronne, moitié à alléger la solitude du patron.

Après la douche, je n'ai pas pu échapper à la corvée d'épluchage des pommes de terre. Maman en profite pour me faire part de ses progrès.

– Serge m'a dit que j'étais prête. Il m'a fait faire toute une série de *touch and go** sans qu'il prenne une seule fois les commandes.

Cette façon qu'elle a de sourire en parlant de son moniteur m'énerve prodigieusement. Puisque maman a abordé le sujet Serge, autant continuer.

– C'est peut-être un bon moniteur, mais il ne fait pas beaucoup d'efforts pour être aimable. C'est tous les jours qu'il enterre son poisson rouge celui-là ? Moi, j'aurais un prof comme ça, je ferais l'école buissonnière.

– C'est vrai, Serge n'est pas du genre souriant. C'est un type « nature », un peu fruste mais plutôt gentil, quand il te fait confiance.

– Et toi tu lui fais confiance ? Tu as vu ses tatouages ? Je suis sûre qu'il a fait de la prison.

* *Touch and go* : exercice qui consiste à atterrir pour redécoller immédiatement.

– C'est possible.

– C'est tout l'effet que ça te fait ? Ça t'est égal d'apprendre à piloter avec un type qui est peut-être un voleur ou, pire, un assassin ?

Ma mère s'arrête de tourner la cuillère de bois dans la casserole. Elle me regarde droit dans les yeux, avant de me répondre.

– C'est vrai, Serge a fait de la prison, autrefois. Il me l'a avoué. Pour ce qu'il a fait, il a été jugé et a passé deux ans enfermé. En sortant il n'avait pas trente ans. Il a décidé de changer de vie. Le jour où il m'a fait cette confidence, je n'ai pas éprouvé le besoin de lui demander un extrait de casier judiciaire. Je me suis contentée de sa licence de pilote. Elle est encadrée au-dessus de son bureau. Va voir, tu seras tout à fait rassurée.

Je me dis que je l'ai bien cherché. Ma mère n'est pas seulement belle et intelligente, elle a aussi d'autres qualités, qui en font une personne vraiment respectable. C'est aussi pour ça que je l'aime.

Je suis vidée. Dans mon lit j'ai beau lutter, au bout de cinq petites pages à peine, j'abandonne Fabien et Juanito dans *La Calanque des ermites.* Sans avoir eu la force de percer le mystère de l'ancre de l'hydravion.

7

Je viens de pénétrer dans une salle immense tendue de grands rideaux de tissu sombre. La lumière blanche n'éclaire que le centre de la pièce.

Habillés de longs manteaux noirs, immobiles, leurs grands yeux brillent en me regardant approcher. Ils forment un cercle autour d'une estrade de trois marches. Au sommet de l'estrade j'aperçois un trône recouvert de velours rouge sombre, surmonté d'une couronne de métal tressée de longues épines de fer.

Tout au fond de la salle, une porte grince sur ses gonds rouillés. Des pas résonnent dans l'obscurité. Je voudrais fuir, mais j'en suis incapable. Un homme de haute taille vêtu d'une cape rouge sang vient d'entrer dans le cercle de lumière. Il porte un masque de cuir brun surmonté de deux cornes semblables à celles d'un taureau. Les hommes en noir s'écartent en inclinant la tête pour le laisser passer. L'homme-taureau gravit les trois marches. Il s'assied sur le trône, face à moi. Avant même qu'il ait ôté son masque et écarté les pans de sa cape, j'ai reconnu ses tatouages. Serge tend son bras droit dans ma direction. Un serpent bleu, gueule ouverte, ondule sur son biceps. Le reptile se rejette en arrière et frappe, près du poignet, un cœur tatoué teinté en rose traversé par un éclair. Le sang jaillit du bras du pilote d'ULM. Il éclate d'un rire de fou.

Le serpent se redresse sur l'avant-bras, la gueule grande ouverte dégoulinante de sang. Maintenant, il darde ses crochets dans ma direction. J'ai beau me débattre, dans mon dos, deux hommes en noir m'obligent à gravir les trois marches. Au-dessus de moi le cobra se cabre sur l'avant-bras de Serge. Il va frapper.

De toute ma vie je ne me souviens pas d'avoir fait un cauchemar plus horrible. Je crie et me réveille en nage, le cœur battant comme un tambour. Je suis incapable de bouger, enroulée comme je le suis dans mes draps et mes couvertures. Il me faut faire appel à tout mon courage pour ne pas courir me réfugier dans le lit de maman.

Papa, à qui j'ai quelquefois raconté mes rêves, m'a conseillé de les écrire pour les proposer à Hollywood. D'après lui ça ferait des superscénarios pour des films d'horreur. Il faudra que j'essaye un jour. En attendant je suis crevée. J'ai tellement sommeil. Pourvu que je ne rêve plus pour cette nuit...

Maman me secoue doucement l'épaule.

– Ninon ? Ma chérie, il est presque dix heures. Tu vas bien ?

Après mon étape du Tour de France d'hier après-midi : La Rochelle – La Palude – La Rochelle, le cauchemar de cette nuit n'a vraiment rien arrangé. J'ai mal partout et plus particulièrement à la tête.

– Ça va, maman, ça va...

Pas facile de me sortir de ce sommeil de plomb. Je ne dois pas avoir si bonne mine que ça pour que maman s'inquiète de ma santé dès mon réveil. Les autres jours – au plus tard vers neuf heures –, elle se contente d'ouvrir les draps de mon lit d'un coup sec en me traitant de fainéante. Si dans les cinq secondes qui suivent je ne me grouille pas de lui obéir, elle me tape un bon petit coup sur les fesses pour que j'aille finir de me réveiller sous la douche.

En fin de matinée je suis toujours aussi mal fichue qu'à mon réveil. Maman, qui se rend bien compte de mon trouble et de ma fatigue, me propose de rester à l'hôtel pour me reposer cet après-midi.

– Je reviendrai aussitôt après mon cours à La Palude. Nous irons faire un tour en ville. D'accord ?

Comme un fait exprès, juste à ce moment-là, sous notre fenêtre, j'entends monsieur Galéa qui appelle Guillaume du pas de la porte de son magasin. Impossible. L'idée de me retrouver seule et de devoir passer l'après-midi avec l'oncle et le neveu Galéa réunis est au-dessus de mes forces.

– Je préfère t'accompagner.

Maman, qui a sans doute deviné ce qui me redonne cette soudaine énergie, sourit gentiment.

– Nous prendrons la voiture.

Après le déjeuner, l'idée de me rendre à La Palude sans devoir refaire une étape du Tour de France me redonne le moral. C'est presque en pleine forme que j'embarque dans la Scénic pour l'accompagner à son cours. Avant de partir j'ai glissé dans un carton les meilleurs dessins que j'ai sélectionnés pour Milos.

Au moment où nous allons démarrer, monsieur Galéa se dépêche de venir rejoindre son neveu devant la vitrine de son magasin pour nous dire bonjour. Le boulanger s'approche en souriant. En dansant d'un pied sur l'autre, il incline sa haute taille vers la fenêtre du conducteur. Un bon sourire éclaire son visage de colosse, poudré par la farine de sa dernière fournée.

– Madame Wagner, ce soir, si ça vous dit, Guillaume et moi on aimerait bien vous inviter, vous et la petite, à aller manger une glace sur le port.

Prise de court, Maman sourit pour tenter de se donner un peu de temps et trouver une parade à cette invitation soudaine.

– Avec plaisir, monsieur Galéa. Si nous ne rentrons pas trop tard et si Ninon n'est pas trop fatiguée. Elle grandit beaucoup en ce moment et elle a besoin de pas mal de repos. Nous verrons ça à notre retour. Maman prend prétexte d'être en retard à son cours d'ULM pour couper court et démarrer sans laisser le temps à monsieur Galéa d'embrayer sur un autre sujet de conversation.

Je me retourne pour faire un signe de la main à Guillaume et lui faire comprendre qu'on se retrouvera tout à l'heure, à mon retour. L'oncle tout autant que le neveu semblent vraiment tristes de nous voir quitter Le Gabut cet après-midi.

Il fait beau. Bien calée au fond de mon siège, le visage et le haut du torse rafraîchis par le courant d'air qui entre par la vitre grande ouverte, je regarde défiler la plaine illuminée, écrasée de chaleur sous un soleil de plomb.

J'en profite pour m'inventer la conversation que je vais avoir avec Milos, quand il découvrira mes peintures dans son atelier. Sa surprise et son empressement à découvrir mes dessins. Je me pose ses questions, j'imagine ses remarques. À ses critiques concernant mes lacunes dans ma façon de peindre et de dessiner, je m'invente de brillantes répliques. J'imagine même les compliments – discrets – que le peintre va me faire en découvrant la promesse de mon talent et l'étendue de mon savoir-faire.

Bien sûr, je sais d'avance que rien ne se passera comme je l'imagine. Cette fois-là comme toutes les autres. Mais, c'est plus fort que moi, il faut que je m'invente les principaux événements de ma vie à l'avance. C'est plus fort que moi. Où que j'aille, chez des amis aussi bien que chez des inconnus, je ne peux pas m'empêcher d'imaginer des choses, de me raconter des histoires qui n'ont qu'un très lointain rapport avec la réalité. Maman dit que c'est de famille. Sans préciser si c'est de sa famille ou de celle de papa qu'elle veut parler. Papa, lui, dit que c'est lié à des problèmes de prépuberté. Sauf que si c'est bien ça, alors chez moi la prépuberté a dû commencer dès que j'ai ouvert les yeux !

À l'intérieur du hangar personne ne répond à mes appels. Milos n'est pas dans son atelier. La politesse voudrait que je n'insiste pas et retourne sur mes pas. Bien entendu, je fais tout le contraire. Je cale une nouvelle fois le carton à dessins sous mon bras et je franchis l'étroit passage entre les deux portes de métal pour pénétrer dans l'ombre épaisse du hangar.

Devant la baie vitrée, le chevalet d'atelier est vide. Le grand tableau recouvert de son drap blanc a disparu. Il règne un silence étrange dans le hangar.

J'ai l'impression désagréable d'être observée. Comme si quelqu'un, caché quelque part dans l'ombre de l'immense bric-à-brac, observait tous mes gestes. J'ai beau me dévisser la tête, je n'aperçois autour de moi que les silhouettes sombres des marionnettes géantes.

Milos n'a même pas pris le temps de ranger les carnets de croquis qu'il m'a permis de feuilleter la veille. Ils sont là, sur un vieux buffet rempli de pots de peinture, de cartons et de papiers à dessin. Mais le seul carnet qui m'intéresse c'est celui avec la couverture noire. Celui qui est resté planqué au fond du vieux meuble, hier, et que, comme par hasard, le peintre a « oublié » de me montrer.

En feuilletant les pages je n'y trouve pourtant rien de secret ni de confidentiel. En revanche, ça me permet d'admirer encore une fois le talent de mon nouvel ami. J'y découvre toute une série de croquis de paysages de la région. J'en reconnais plusieurs : Chatelaillon-plage et la pointe Saint-Clément, au nord de La Rochelle. Il y aussi des croquis de la vieille ville : la rue du Temple, à côté du musée aux Parfums, la maison Henri II, rue des Augustins, et la tour des Quatre Sergents. Le dernier croquis, c'est l'anse de Fouras. Milos l'a écrit en bas du dessin.

En remettant le carnet en place, je m'en veux. Une fois de plus je me suis raconté des histoires. Si Milos ne me l'a pas montré, c'est qu'il a simplement oublié.

N'empêche que, puisqu'il n'est pas là, j'aimerais profiter de son absence pour retrouver la toile recouverte du drap blanc et voir ce qui est caché dessous ! Comme j'ai encore en mémoire les conseils de prudence que Milos m'a donnés la veille, je fais gaffe à ne pas m'aventurer dans les coins trop sombres. C'est pour ça que je me contente de jeter un coup d'œil de loin, en direction du second hangar. Celui où la veille j'ai failli tomber dans la fosse remplie de ferrailles coupantes.

Après avoir tournicoté un peu dans tous les coins sans rien trouver de bien intéressant, je ressors du hangar pour retrouver la chaleur et la lumière vive du grand soleil qui est planté bien au milieu du ciel sans nuages.

C'est à cause du soleil. Il tape si fort que je m'efforce de progresser en suivant l'ombre projetée des bâtiments sur la rue. Alors forcément, vu de loin, on pourrait penser que je me cache. C'est ce que doit penser la femme en robe gitane qui vient de sortir d'un des bâtiments un peu plus loin. Un gril métallique à la main, elle me regarde d'un air pas vraiment engageant tout en s'approchant d'un barbecue fait avec un vieux bidon d'huile, pour y faire cuire ses saucisses.

Je m'avance droit sur elle, en lui offrant le sourire le plus large de ma collection.

– Bonjour ! Je crois que je me suis perdue.

À ma grande surprise la femme me sourit avant de me faire signe d'approcher.

– De loin, dans l'ombre, je t'avais pas

reconnue. Tu veux retourner au hangar ? T'as le temps. Tu veux une saucisse ?

– Non merci.

À quatre heures de l'après-midi ? C'est gentil mais pas vraiment ce que je prends d'habitude pour goûter. C'est mon tour de me demander à qui j'ai affaire.

– Vous me connaissez ?

La gitane – qui n'en est pas forcément une, d'ailleurs – doit avoir dans les trente ans. On ne peut pas dire qu'elle fasse de gros efforts pour sa toilette. Pas un brin de maquillage sur ses joues creuses, si on excepte un trait de suie qui lui barre le haut du front. Normal, elle relève sans arrêt, avec ses mains noires de cendre, des cheveux longs et bouclés qui lui tombent sur le visage. Ça doit tellement l'occuper, ce geste, qu'elle oublie de répondre à ma question.

– Serge passe les dernières consignes à ta mère. Il va la lâcher aujourd'hui.

Un instant j'imagine le pire.

– La lâcher ? Où ça ?

Pour répondre à ma question j'entends le moteur du petit avion gronder au-dessus des toits. J'ai juste le temps de lever les yeux pour voir l'ULM. Comme un gros hanneton peint en jaune, l'engin se dirige vers l'autre côté du ciel bleu azur. La gitane est bien renseignée : il semble qu'il n'y ait qu'une seule personne assise devant les commandes.

La gitane s'est retournée vers le petit brasero. Elle ne fait plus du tout attention à moi. Au bout d'un moment je me décide à repartir en direction du hangar. Sans lui dire au revoir. De toute façon je suis sûre qu'elle ne me répondrait pas.

– Où tu vas par là ?

Je ne l'ai même pas entendue courir. Normal, elle est pieds nus. Juste derrière moi, la gitane tient encore son gril à la main. Comme si elle allait s'en servir pour me balancer un coup de saucisse cuite sur le crâne. Elle désigne le bout de la rue où j'aperçois le clocher d'un bâtiment en bois peint en blanc qui fait penser à une église.

– Pourquoi tu vas par là ?

– J'y allais pas ! Je retournais simplement vers le hangar, c'est tout !

En plus c'est vrai. J'aurais pu repartir aussi bien dans l'autre sens. J'avais choisi cette direction tout à fait par hasard. Du coup, son insistance à me faire rebrousser chemin me met la puce à l'oreille et forcément... me donne l'envie d'en savoir plus !

– Ça va où par là ? C'est interdit ?

– Non. Mais ça va nulle part.

– Mais tu m'as dit... Vous m'avez dit que j'avais tout mon temps pour aller retrouver ma mère. Elle est là-haut aux commandes de l'ULM. Vous l'avez vue ?

Comme elle en a l'habitude, la gitane ne répond pas aux questions. C'est elle qui les pose et ça lui suffit.

– Si tu veux retourner au hangar t'as qu'à passer de l'autre côté. C'est plus court. Viens avec moi.

Ce coup-là je veux une réponse, alors je repose une deuxième fois ma question.

– Ces bâtiments de ce côté-là, c'est quoi ?

Je vois bien que ça l'embête mais, après avoir une nouvelle fois ramené ses cheveux en arrière, la gitane finit par me répondre.

– L'ancienne chapelle de la base américaine. Mais depuis, y'a eu changement de propriétaire. Le Bon Dieu n'y habite plus depuis un bon moment.

Je me demande si je dois sourire en lui posant la question qui me vient naturellement aux lèvres.

– Pourquoi ? Parce que maintenant c'est le Diable qui occupe cette église ?

La gitane me regarde comme si je venais de lui balancer une grosse insulte.

– Le Diable et ses singes. Tu crois pas si bien dire !

J'aimerais me marrer pour lui montrer que je n'ai pas peur. Mais je repense brusquement à mon cauchemar de la nuit dernière. Je revois comme dans un film, en accéléré, le trône et la couronne d'épines. Les assistants de l'homme à la cape de velours rouge sang. Le serpent lové qui frappe de ses crochets effilés le cœur tatoué sur son poignet. Je n'arrive plus du tout à sourire et je presse le pas pour rejoindre et suivre ma nouvelle « copine ».

Chemin faisant, j'essaye d'en savoir un peu plus.

– On va où ?

– Chez moi. Par un chemin où tu risques pas de tomber sur eux.

– C'est qui, eux ?

Ça fait trois fois en même pas dix pas que la gitane ramène ses cheveux en arrière. Ça a l'air de la soulager et de l'embêter en même temps, de me répondre.

– Des animaux. Ils organisent des *raves-parties.* Mais je te conseille pas d'aller traîner dans leurs concerts.

Des *raves*, je sais ce que c'est. Des fêtes où on danse entre jeunes sur des rythmes techno. Ça se passe dans des endroits où le bruit ne dérange personne et où il y a de la place, comme les hangars ou les usines désaffectées par exemple. Cette année c'était le sujet favori des plus âgés, dans la cour de mon collège. À en croire certains, une *rave* c'est le meilleur endroit pour s'éclater. Dans ces *raves* – où on peut se retrouver quelquefois à plusieurs milliers de jeunes –, on croise des gens pas forcément très clairs, qui peuvent vous proposer des saloperies. La vérité c'est que tout le monde en parle mais le plus grand nombre des élèves préfèrent éviter. Quitte à passer pour des ringards et continuer à s'amuser le samedi après-midi entre copains et copines avec les Spices Girls et les 2 Be 3 sur la stéréo des parents. Moi je suis encore trop jeune pour avoir un avis là-dessus. On verra plus tard, si ça existe encore et si c'est toujours à la mode.

– Vous les connaissez ces types ?

La gitane ne prend même pas la peine de tourner la tête. Elle empoigne son bras droit de sa main gauche et relève brusquement la manche de son chemisier de coton orange.

– Sans Serge, je serais encore entre leurs sales pattes. Regarde !

Le cobra est là. Lové dans le cercle d'épines de fer, la gueule grande ouverte, prêt à frapper.

En passant devant un baraquement, la gitane pousse la porte peinte en vert cru. Ce n'est qu'une fois qu'elle a franchi le seuil qu'elle se retourne vers moi pour voir si je suis encore derrière elle.

– Tu veux boire ? On a du jus de fruits.

Les saucisses d'abord et maintenant à boire. Ma parole, cette fille se figure peut-être que ma mère ne me nourrit pas à ma faim ! Allons-y ! Une invitation aussi chaleureuse ne se refuse pas. Je suis la gitane à l'intérieur de la grande baraque de bois.

– Elle, c'est Céline, la sœur de Serge, moi c'est Amélie.

Céline ne fait que jeter un rapide coup d'œil et un timide bonjour dans ma direction avant de se remettre à laver à même le parquet de bois un gros tas de pissenlits dans une bassine.

Amélie s'approche d'une cuvette remplie d'un liquide sombre.

– Tu aimes le jus de mûre ?

Je n'ose pas dire non. La gitane prend mon silence pour un acquiescement. Elle me tend un grand bol de plastique bleu qu'elle vient de remplir en le plongeant directement dans la cuvette.

– Tiens !

Le goût est encore pire que l'aspect. C'est plus du vinaigre que du jus de fruits. Même si, pour m'encourager à tout boire, Céline – la plus jeune des deux – ajoute : « C'est du naturel ! » Pour faire passer le goût je jette un coup d'œil sur la déco du local. C'est plutôt pas mal. Sur les murs, de grandes taches ocre et rose donnent à l'ensemble une allure gaie, qui fait oublier le manque de meubles et la pauvreté de ceux qui s'éparpillent un peu partout dans la pièce.

Les deux femmes ne se ressemblent pas mais elles possèdent pourtant quelque chose en commun. Pas seulement les cheveux bouclés, pas coiffés, teints en rouge, et le même manque de maquillage. Pas seulement les mêmes jupes longues taillées dans des tissus qui font penser à de la toile de sac. Ce qui les fait se ressembler c'est ce même air de tristesse.

Je repose le bol encore à moitié plein du « pur jus de fruits » sur une table basse qui quelques mois auparavant devait encore être une simple et banale caisse d'emballage. Je lorgne vers la porte restée entrouverte.

– T'as tout ton temps. Ta mère elle en a encore pour une bonne demi-heure.

Ça tombe mal, parce que moi je préférerais aller faire un tour et faire connaissance avec les locataires de la chapelle abandonnée.

Ça me prend bien cinq minutes à bavasser pour ne rien dire avec Amélie et sa copine. J'ai bien compris que la tatouée m'a invitée chez elle pour me tirer les vers du nez. Je leur raconte qui je suis, ce que je fais à La Rochelle avec ma mère. C'est tout. La plus bavarde c'est Céline, la sœur de Serge. C'est grâce à elle que j'apprends qu'elles vivent dans cette baraque avec le moniteur. Ça n'a pas l'air de faire plaisir à Amélie, les confidences de sa copine. Du coup, elle ne fait rien pour me retenir quand je prends prétexte pour les quitter d'aller retrouver ma mère au hangar.

Amélie m'accompagne jusqu'à la porte de la baraque. De là, elle me regarde m'éloigner pour voir si je prends la bonne direction, mais heureusement sans m'accompagner.

Passé le coin du hangar, je pile sur place. Mon carton à dessins ! Je me revois passant la porte du hangar de Milos. Je me vois le poser dans l'atelier à côté du meuble où se trouvent les carnets de croquis. Mais après...? Une bonne raison pour rebrousser chemin, et repasser devant la chapelle. Je tourne à gauche et reviens sur mes pas en faisant un grand détour de l'autre côté des baraquements. Au bout de la rue j'aperçois l'ancienne église. Ça ne me prendra pas longtemps. Juste assez de temps pour jeter un coup d'œil à l'intérieur et repartir aussitôt.

C'est plus fort que moi, cette partie du camp, c'est un peu comme si j'étais un clou qui passe à proximité d'un aimant.

La tête de serpent dans un cercle d'épines de fer est là, peinte au-dessus de la porte du vestibule qui mène à la grande salle de l'église. Ça me fait peur, bien sûr, mais maintenant il en faudrait beaucoup pour que je fasse demi-tour.

Le chœur de la chapelle est plongé dans l'obscurité. De l'extérieur j'ai remarqué les grands panneaux de contreplaqué qui obstruaient les fenêtres. Passée l'entrée, il y a juste assez de lumière pour que je devine les immenses tags et les dessins de reptiles et de dragons de couleurs vives, peints sur les murs jusqu'au plafond voûté. C'est plus étrange que terrifiant.

8

Je passe la porte de la chapelle avec l'intention d'aller l'explorer. Pourquoi ? J'en sais rien ! Je suis comme ça.

J'avance, bien au milieu de la salle, sans me préoccuper de voir si personne ne risque de me tomber dessus. Blam ! Derrière moi la porte de l'église vient de se refermer.

Le cœur qui tape à deux cents à l'heure, je bats des bras dans le noir total. J'ai à peine le temps de paniquer. Clac ! La lumière vive d'un projecteur me fait cligner des yeux. À dix mètres de là, sur une estrade, deux types, gras comme des clous, torses nus, guitare en bandoulière, couverts de peintures rituelles, attaquent à fond les manettes. Un troisième, aussi maigre mais crâne rasé, tape comme un sourd sur les tambours d'une batterie. Ça cogne, ça hurle, ça pète, ça grésille de partout. Ils se déchaînent comme des perdus. Du bruit et des hurlements. Pas de refrain ni de couplet. Les paroles de leur zique ? Facile à retenir. Ce sont les crimes du *serial killer* qui rôde dans la région qui leur ont fourni le thème de leur chanson :

« Hell ! Hell ! Je hais le jour !
Hell ! Hell ! La nuit je rôôôde.
Demain demain, tu seras ma proie.
Demain, demain ton cou m'appartiendra.
Hell, hell, devils !
Hell's angels ! »

Ce n'est pas que ça me berce, mais je reste au milieu de la chapelle, fascinée par le spectacle de ces tarés incroyables. Aucun des trois ne m'a encore aperçue. Je commence à repartir à reculons pour rejoindre le plus discrètement possible la sortie.

Je fais un saut de deux mètres en hauteur quand je sens sa grosse paluche me choper l'épaule par-derrière. J'ai complètement oublié que la porte de la chapelle ne s'est pas refermée toute seule derrière moi. L'énorme, vêtu entièrement de cuir noir, est presque plus large que haut. Une mèche nattée pend sur son épaule. Sur le dessus du crâne, les tifs sont coupés presque à ras et teints en rouge.

Lui aussi, sur le bras droit, porte le tatouage de la couronne et du serpent. Il me fait un drôle de sourire. Moi, son sourire me glace le sang et me scotche sur place. En baissant les yeux je viens d'apercevoir dans l'ouverture du blouson les deux énormes nichons coincés dans un soutien-gorge orange trop petit. De me rendre compte qu'il s'agit d'une nana augmente encore ma peur. Le tableau ne serait pas parfaitement réussi sans un dernier petit détail. Quand la grosse vache ouvre la bouche pour sourire, je m'aperçois qu'il lui manque une incisive. Normalement ça devrait me faire marrer, sauf qu'en réalité je suis morte de trouille.

La punk se plante les deux mains sur les hanches, qui lui font comme une chambre à air autour de la taille. Elle hurle pour se faire entendre par-dessus la « musique » de ses trois copains.

– D'où tu ziens, toi ?

Pour tout arranger, la dent qui lui manque la fait zozoter.

Impossible de lui répondre. Je suis fascinée par le tatouage que j'aperçois sur son bras gauche. Le même dessin que celui qui se trouve au-dessus de l'entrée de la chapelle. Le même que celui que porte Amélie la gitane. Le même que dans mon cauchemar !

– Qu'est-ce que tu sersses isssi ?

J'ai un mal fou à ouvrir la bouche et savoir si je sais encore parler.

– J'étais chez Milos et je suis passée pour voir s'il était là !

Pas terrible comme réponse mais, dans la panique, je n'ai rien trouvé de mieux. La punk aux cheveux rouges avance encore sur moi. Elle est si près que je sens son odeur. Un mélange de sueur, de fumée, de bière et de parfums encore moins agréables. Si elle me touche encore une fois je sens que je vais hurler ou m'évanouir. Je fais un, puis deux pas rapides en arrière. Autant pour fuir l'énormité que son odeur.

– Qu'est-ce t'as vu ?

– Rien du tout madame !

À sa façon de danser d'un pied sur l'autre, je comprends que quelque chose gêne la femme-gorille. Elle hésite. J'en profite pour tenter un nouveau pas en arrière. Ses yeux se mettent à briller de méchanceté. Je stoppe. À cette allure il me faudra pas loin d'une demi-heure pour me retrouver dehors. Autant essayer le dialogue.

– Je peux m'en aller ? Ma mère va s'inquiéter. Elle prend des cours d'ULM avec...

La punk ne me laisse même pas le temps de finir ma phrase. Le visage transformé par la haine, elle hurle en se jetant sur moi.

– C'est ce salaud de Serge qui t'envoie ?

Pendant une vingtaine de secondes je lutte avec l'édentée, qui me secoue comme un prunier. Elle essaye de me repousser vers l'estrade en hurlant pour attirer l'attention des trois autres qui continuent de « jouer » sans rien voir ni rien entendre de ses cris de goret. Ça commence à devenir grave pour moi. Je sens qu'il ne faudra pas longtemps avant que la grosse vache parvienne à m'entraîner dans la lumière du projecteur, devant l'estrade.

– Gréta, laisse cette gosse tranquille !

Furieuse, la punk se retourne pour dévisager Milos qui vient d'apparaître à contre-jour dans l'encadrement de la porte de la chapelle, à deux mètres de nous.

– Fous le camp, toi le Serbe ! C'est pas tes oignons !

Milos lève le bras droit, rallongé d'une planche de bois d'une cinquantaine de centimètres, qu'il brandit au-dessus de sa tête.

– Lâche-la. Je ne te le répéterai pas !

De toutes ses forces, la punk me pousse en direction du peintre. Je trébuche, perds l'équilibre et finis par choir dans les bras de Milos qui recule sous l'impact. Mon sauveur sent l'huile de lin et l'eau de Cologne, c'est autrement plus agréable.

Profitant de notre bousculade, la punk, qui n'a pas renoncé, nous charge à l'image d'une locomotive lancée à pleine vitesse. Au passage, elle s'est emparée du châssis d'une chaise métallique qu'elle fait tournoyer au-dessus de ses cheveux rouges. À l'image d'une gracieuse lanceuse de poids aux Jeux Olympiques, la grosse vache, encombrée par sa propre graisse, balance le châssis de métal dans notre direction. Mais, heureusement, la chaise ne fait que passer à côté, sans nous toucher.

Sans attendre que Gréta vienne nous percuter de tout son poids, Milos me tire à toute allure en arrière. La punk nous poursuit, horrible, le visage couvert de sueur, déformé par la rage. Hors d'haleine, l'*Alien,* incapable de courir un pas de plus, stoppe sur le seuil de la chapelle pour hurler une dernière menace dans notre direction.

– Milos, t'es mort ! Tu vas voir ta gueule quand Josip va revenir pour te tomber dessus !

Le trajet de la chapelle à l'atelier de Milos, nous le faisons pratiquement en courant. C'est seulement au moment où nous passons les portes du hangar que je retrouve assez de souffle et de calme pour l'interroger.

– Comment tu savais ?

– Que tu te trouvais dans la chapelle ? En passant devant le hangar j'ai vu que Serge était seul. Ensuite, en rentrant dans mon atelier j'ai trouvé ton carton à dessins. Une petite curieuse comme toi, j'ai tout de suite pensé que la chapelle, un jour ou l'autre elle irait y faire un tour.

– Puisque tu sais que je suis curieuse, explique-moi qui habite ici et ce qui se passe ?

– Tu viens de faire connaissance avec les Dog's Devils. Un groupe d'une demi-douzaine de plus ou moins jeunes qui squattent la chapelle et le bâtiment. Ils vivent là depuis un an, toute l'année. Sauf quand ils font des tournées un peu partout en Europe.

– Et les autres, ceux qui ont les chiens ?

9

— Les pitt-bulls appartiennent à Josip, le chef des Dog's. Il sont là pour garder les deux camions qui servent à transporter leur matériel, quand, une fois par an, ils font leur tournée de concerts.

– Les Propellerheads, Alliage, même les Stones je connais, mais les Dog's Devils je n'en avais jamais entendu parler jusqu'à aujourd'hui.

Milos fait la moue comme s'il ne savait pas répondre à ma question.

– À vrai dire, je serais bien incapable de te dire si les Dog'Devils sont connus ou pas. Ce que je sais, c'est que leur musique leur permet de vivre. Josip n'a pas l'air d'avoir jamais eu de problèmes d'argent. Par contre ce n'est pas un tendre. Il n'hésite pas à virer ses musiciens. À coups de poing et de pied s'il le faut. Je l'ai déjà vu faire.

– Tu le connais bien ?

– Bien, non. Il est yougoslave, comme moi. C'est tout.

– La grosse vache, elle fait quoi dans le groupe ?

– Elle... C'est l'« homme » de confiance de Josip. Il n'est pas toujours là, avec eux, sur la base. C'est elle qui dirige la troupe en l'absence du chef. En ce moment le groupe répète un nouveau spectacle. Ils vont bientôt partir pour plusieurs mois. Comme tu vois, avec Josip, Gréta et leurs musicos, Serge, ses nanas et moi, ça fait du beau monde sur la base.

– Serge ? Il fait quoi, lui, avec ses deux femmes ?

– Serge et sa sœur sont arrivés ici avec un bail de location en bonne et due forme. Il a traité avec la municipalité de La Palude, qui est propriétaire des terrains de la base, pour y installer son école de pilotage.

– Et toi ? Tu t'es installé sur la base depuis quand ?

– Deux ans. J'étais le premier.

– Tu habites ici ?

– Non, j'habite à La Jarne. Ici, comme il y a de la place, je me suis installé un local, dans le bâtiment à côté de ce hangar. Il m'arrive d'y coucher quand je travaille tard le soir. Josip, lui, s'est pointé un mois après. Illégalement bien entendu. Serge venait tout juste d'ouvrir son école de pilotage. Au début Serge et lui étaient copains. Je crois même qu'ils se connaissaient d'avant. Tout s'est bien passé jusqu'au jour où ils se sont battus.

– Pourquoi ?

Milos n'a plus l'air vraiment d'accord pour continuer à me faire ses confidences.

– Tu veux vraiment tout savoir, toi ! Bof... Une histoire de femme. Tu es trop jeune pour comprendre.

– Je vais avoir quatorze ans, je te signale. Je t'en prie Milos, raconte-moi. À la manière qu'il a de me regarder je préfère rectifier de moi-même : ... treize ans !

Le peintre soupire un grand coup, me sourit et finit par céder à ma curiosité.

– Gréta était amoureuse de Serge.

Rien que pour lui montrer que je ne suis plus une gamine et que j'ai tout pigé, j'enchaîne aussitôt.

– Et lui n'en voulait pas ? Ça explique la rage de Gréta quand je lui ai dit que maman prenait des cours avec lui.

– Tout a pété le jour où une des filles qui faisaient partie du groupe des Dog's est partie vivre avec Serge.

– Amélie ?

– Oui.

– Pourquoi ?

Milos hoche la tête pour me faire comprendre qu'il ne sait pas et qu'il en a assez de me raconter tout ça.

– Je n'en sais rien. Allez, maintenant je te ramène. Ta mère va finir par s'inquiéter.

– Et depuis ? C'est la guerre ici ?

– Pas loin.

– Tout à l'heure, Gréta a parlé de Josip ? Tu fais quoi avec lui et les Dog's ?

– J'ai peint l'intérieur de la chapelle. Maintenant je fabrique les décors de leur nouveau spectacle. J'ai créé plusieurs automates pour les effets spéciaux de leurs concerts.

– Tu fais ça pour qu'ils te fichent la paix ?

– En grande partie.

– Si Serge a deux femmes, toi, est-ce que t'en as une, au moins ?

Les yeux de Milos se voilent. Il soupire et ne me répond pas. J'insiste lourdement, mais je veux absolument savoir.

– T'as une femme ?

– J'en avais une. Là-bas à Sarajevo. Elle est morte.

Après ça plus moyen de lui arracher un seul mot. Pour m'empêcher de lui poser de nouvelles questions, Milos fait exprès de marcher à la vitesse d'un coureur à pied. Quand on arrive au hangar des ULM, je n'ai plus de souffle. Ce qui m'étonne tout de même c'est qu'en chemin on n'ait pas aperçu la perruque colorée d'un seul Dog's.

10

Ils sont tous là, maman, Serge, Amélie et Céline, au bord de la piste, rassemblés devant l'ULM jaune.

– Toutes mes félicitations Christine !

Ça m'énerve à un point pas possible de les voir tous en train de rire et brandir leur gobelet de plastique rempli de champagne en direction de maman. J'aime pas du tout quand ce gros sale de Serge la prend dans ses bras et se penche pour lui faire deux bises en prenant tout son temps. Pour embrasser ma mère, mon père est là pour ça.

Ma mère m'énerve à regarder Serge, ses deux nanas et Milos comme si elle avait six ans et qu'on venait de lui remettre la croix d'honneur. Son diplôme ? C'est juste un bout de papier qui lui donne le droit de faire des ronds dans le ciel, dans une caisse à savon avec deux ailes, pas plus ! Moi, faudrait me payer pour monter là-dedans.

Justement, je n'aurais pas dû avoir cette pensée. Serge a dû la capter, à peine sortie de mon crâne. Il me regarde avec un drôle d'air en se marrant.

– Maintenant que Christine n'a plus besoin de moi, heureusement qu'il me reste sa fille.

Je fais celle qui ne comprend pas mais, comme tout le monde me regarde, je suis bien obligée de m'avancer vers lui. Il me prend la main.

– Viens !

Avant que j'aie eu le temps de dire ouf, Milos m'a soulevée de terre et portée jusqu'à l'avion jaune. En moins de deux je me retrouve assise sur le siège du copilote. Sanglée aussitôt par maman, qui est ravie de voir sa fille se lancer à l'assaut des airs. Serge s'est assis à côté de moi. Il lance le moteur à plein régime, alors que je commence à crier à tue-tête que je veux qu'on me descende de là. Descendre ? Plus question. Au ras du sol, le minuscule engin roule à toute allure sur le champ de blé qui sert de piste de décollage. Je suis secouée sur mon siège comme une laitue dans un panier à salade. Mon cœur s'arrête, mes poumons ne peuvent plus contenir l'air qui les gonfle à éclater. J'ouvre la bouche et je hurle à l'instant où le cerf-volant à moteur bondit d'une vingtaine de mètres en l'air. L'instant d'après je manque de souffle, mon estomac pèse des tonnes lorsque le petit engin soi-disant volant repique vers le sol avant de rebondir encore plus haut vers l'azur, bleu terrifiant.

L'ULM vient de se stabiliser quelque part entre le sol et le sommet du ciel. Nous passons juste au-dessus de la base. Je n'arrive pas à m'émerveiller au spectacle de ce paysage modèle réduit qui défile sous les ailes. J'ai trop peur de Serge pour ça. Le moniteur vient de coincer ce que je devine être le manche à balai entre ses genoux pliés, pour libérer ses deux mains. Ses mains, épaisses, bleuies de tatouages, qui se tendent vers moi et s'élèvent au-dessus de ma tête. J'en suis certaine ! Il va me précipiter hors de l'ULM. Après, il racontera que c'était un accident, que c'est maman qui avait mal bouclé ma ceinture. Serge se penche sur moi. Je ferme les yeux. C'est fini...

J'entends sa voix déformée et grésillante qui résonne dans mon crâne quand les deux écouteurs viennent se coller sur mes oreilles.

– Tu m'entends ?

Je hoche la tête, encore incapable d'articuler un seul mot. Serge tend le bras vers moi pour désigner le micro placé sous mon menton.

– Tu parles là-dedans pour me répondre... C'est beau, hein ? N'aie pas peur. La ceinture est solide. Regarde. Tu peux te pencher sans crainte. On va repasser au-dessus de la piste. Tu vois ta mère ? Fais-lui signe.

Maman ? Je suis tellement paniquée que jusqu'à maintenant tout ce que j'ai aperçu était flou, comme à travers un voile de brume. Timidement, je commence par baisser la tête, puis lentement, très lentement mon torse se penche. Je l'aperçois ! Elle est là, au milieu du champ. Maman me fait de grands signes.

– On est à quelle hauteur ?

Serge a l'air ravi de voir que je commence à m'intéresser à ce qui se passe en dessous. Sa voix grésille dans les écouteurs.

– Cent pieds. Trente mètres environ.

En fait, à cette hauteur ce qui est marrant, c'est qu'on distingue encore très bien les détails. Comme par exemple le sourire de maman, avec ses beaux cheveux blonds qui flottent autour de sa tête. Plus loin, un ballon rouge et blanc, perdu ou oublié sur le toit du hangar de l'ULM. Tout de suite après, les derniers fruits jaune et or tout en haut d'un grand abricotier, coincé entre deux bâtiments. Au milieu de la base, la chapelle des punks. Derrière, dans la cour carrée, bavant de rage sur notre passage, les pitt-bulls bondissent et tirent sur leurs chaînes, gueules tournées vers le ciel. Heureusement que le bruit du moteur couvre leurs hurlements. Devant l'entrée d'un des bâtiments, un homme, à côté d'une Mercedes blanche dernier modèle, discute avec Gréta. Il porte une veste et un pantalon de cuir. Gréta et l'homme lèvent la tête. Les longs cheveux sombres de l'homme flottent comme deux ailes noires autour de son visage maigre et hâlé. Ses yeux brillent de haine et de méchanceté quand le petit avion passe à la verticale au-dessus de lui et de sa copine. Je me tourne vers Serge. Inutile de lui poser la question. Sa moue de mépris est explicite. Sa voix résonne une nouvelle fois dans les écouteurs.

– Josip. Le roi des frimeurs avec son garde-chiourme !

Le petit avion jaune se penche sur une aile. L'horizon bascule sur les champs et les bosquets distants de quelques centaines de mètres de la base. Une rivière, étroite et sinueuse, traverse la plaine dans toute sa longueur. Au niveau du sol je ne l'ai jamais remarquée. Les rayons du soleil passent à travers l'étoffe des ailes tendues par la vitesse. Maintenant la base est devant nous de l'autre côté du tournoiement de l'hélice.

– On pourrait repasser au-dessus de la chapelle ?

Les sourcils froncés, Serge ne me répond pas et refuse d'un simple hochement de tête.

Maintenant il a l'air pressé de se poser. Tant pis. J'aurais aimé revoir l'homme en noir. Pour être sûre. Même si je suis déjà pratiquement certaine.

À peine les roues du petit avion jaune ont-elles touché le sol que Serge dirige son engin vers le hangar. Qu'est-ce qui lui prend d'être pressé comme ça, celui-là ? À cette vitesse on pourrait presque redécoller. À peine a-t-il coupé le moteur que le moniteur est déjà hors de l'avion. Au passage il bredouille une excuse en direction de maman qui s'avance vers nous tout sourire.

– Un truc urgent. À demain, comme d'habitude.

Ça doit drôlement être pressé pour que Serge, suivi de Céline et Amélie, nous laisse en plan pour foncer vers les baraquements où ils habitent. Facile de deviner que l'arrivée de Josip y est pour quelque chose.

11

Lorsque la Scénic vient se garer sur le parking de l'hôtel-résidence du Gabut, j'ai arrêté ma stratégie. Pour le moment je laisse tomber le *serial killer.*

Je m'occuperai de lui plus tard. Maintenant il me faut trouver ce que Josip et les Dog's Devils trafiquent.

Ceux-là ne se payent certainement pas des voitures comme cette Mercedes classe « S », aperçue dans la cour, avec le produit de leurs concerts. Serge, pour finir. Malgré tout ce que peut dire maman, Serge, l'ex-taulard, a, en ce qui le concerne, un passé qui fait de lui le complice idéal. Il y a fort à parier que lui et Josip font semblant d'être ennemis pour monter en douce leurs mauvais coups.

Ce qu'ils trament ensemble ? Je n'en sais encore rien. Mais c'est ce que je vais m'efforcer de découvrir dans les jours qui vont suivre. Il me faudra faire vite. Maman vient de m'annoncer que son stage d'ULM se terminait après-demain. Pour que nous ne restions pas sans activité, elle envisage de nous inscrire à un stage de voile, pour notre dernière semaine de vacances. Je n'aime pas plus ce qui flotte que ce qui vole, mais, mis à part Milos, je ne regretterai ni l'ancienne base américaine ni ses locataires.

En définitive, le plus agréable c'est la fin de la journée au Gabut. Après le repas, Guillaume est venu voir si nous étions prêtes. Maman, qui avait complètement oublié l'invitation de son oncle, s'est remaquillée à toute allure. Monsieur Galéa nous attendait en bas, devant son magasin. Pour la circonstance il a mis une chemise blanche à manches courtes et porte une cravate. Une belle cravate en tricotine rose qu'il ne cesse de tripoter pour vérifier constamment que le nœud ne se desserre pas autour de son cou de taureau.

Le boulanger, qui a voulu bien faire les choses, nous a invitées à la terrasse du meilleur glacier de La Rochelle, quai Duperré, face au bassin du vieux port. Guillaume et moi choisissons la guirlande de sorbets à huit boules avec chantilly, meringue et coulis de framboise. Le moins drôle, c'est maman qui se le fait servir par monsieur Galéa, sans lui avoir commandé. Avec sa pêche Melba elle doit se taper le récit du pauvre boulanger qui lui raconte en détail toutes les années de bonheur qu'il a passées avec sa belle envolée. « Une fleur, voyez-vous madame Wagner. Une jeune femme-fleur. Une véritable porcelaine délicate et fragile. Si fragile que j'avais peur de l'abîmer chaque fois que je la serrais dans mes bras. » Maman semble attentive, même si, sous la table, je remarque le battement rapide de son pied. Guillaume, lui, semble s'intéresser bien plus au spectacle de la rue qu'au récit de son oncle. Normal, il doit le connaître par cœur. Les yeux brillants, les pommettes en feu, monsieur Galéa se laisse aller à son amour et raconte, raconte, raconte... et moi j'écoute, j'écoute et je rêve. Je me régale tout autant de glaces à tous les parfums que de cette belle histoire d'amour. J'imagine l'immense boulanger étreignant la minuscule madame Galéa pour lui prouver son amour. Un éléphant dans un magasin de porcelaine. Un éléphant gentil comme tout, qui n'en veut pas à sa « poupette », comme il la nomme.

Pour nous convaincre des qualités exceptionnelles de la belle, le boulanger finit par sortir de son portefeuille la photo de la merveille. Une petite souris à lunettes, blonde décolorée, au menton pointu, aux lèvres pincées et à l'air peu aimable. Elle est emmitouflée dans une écharpe blanche qu'elle serre frileusement autour de ses épaules maigres.

– C'était à Agadir, au cours de nos dernières vacances. Il y a un an et dix-huit jours exactement... Tenez, à peu près à cette heure-là justement !

Le gentil boulanger ne souhaite rien d'autre que voir revenir sa « poupette ». Qu'elle reprenne sa place au creux du petit nid qu'il lui a préparé au-dessus de leur magasin ! Heureusement que les premiers tirs d'un feu d'artifice pétaradent à point nommé pour l'interrompre. Sinon c'était moins une qu'on se mette carrément à pleurer, lui et moi. Aussitôt le gentil boulanger change de sujet et nous invite à aller faire le tour des remparts.

Au pied de la tour de la Chaîne, mêlés aux derniers touristes de la saison, nous admirons pendant un long moment les feux de lumières multicolores et leurs reflets sur les flots à l'entrée de la passe.

Vers dix heures, à la fin du spectacle, c'est monsieur Galéa lui-même qui nous propose de rentrer. Il a devant lui une longue nuit de travail. Il ne peut se permettre de prendre du retard.

Quelqu'un qui ne nous connaîtrait pas et nous regarderait longer d'un pas tranquille le quai du bassin à flot pourrait croire qu'il s'agit des quatre membres d'une même famille. Moi qui d'habitude ne supporte pas qu'on puisse confondre mon vrai père avec un autre homme en compagnie de maman, cette image ne me dérange pas. Mais elle me remplit de tristesse.

Seule avec maman dans notre appartement, je me sens le cœur gros et l'estomac barbouillé. Vouloir trop vite rejoindre le monde des adultes n'est peut-être pas une si bonne idée que ça quand on voit comment ça se passe. Pour chasser mes pensées tristes, avant de me coucher je vais faire un gros câlin avec maman sur le divan du salon. Elle me caresse les cheveux comme je l'aime, pendant que je regarde les toits d'ardoise de la vieille ville éclairés par la pleine lune. Maman me raconte comment elle et papa se sont connus.

Dans mon lit, juste avant de m'endormir je fais ce que je ne fais que rarement. Une prière, pour remercier le Ciel de m'avoir donné des parents qui s'aiment et s'entendent si bien.

Je me glisse dans l'ombre épaisse du long couloir sombre. J'avance à pas de loup pour atteindre le centre de l'espace où la lumière blafarde pleut sur les dalles de grès noir. Il résonne dans les profondeurs obscures. Je reconnais l'air. C'est celui que les Dog's Devils psalmodiaient comme des déments ce matin dans la chapelle. Les mêmes paroles à un détail près. Un détail qui me fait fuir droit devant moi dans l'obscurité du temple : c'est à moi que la chanson s'adresse !

« Hell ! Hell ! Je hais le jour !
Hell ! Hell ! La nuit je rôôôde.
Demain, demain Ninon tu seras ma proie.
Demain, demain Ninon ton cou m'appartiendra.
Hell, hell, devils !
Hell's angels ! »

Les moines en habits rouges sont tout autour de moi. Leurs cris résonnent en écho dans la chapelle. Ils s'écartent pour laisser passer Serge et Josip, vêtus chacun d'une grande cape noire. Chacun d'eux tient un des pitt-bulls au bout d'une laisse de métal. Les bêtes déchaînées bavent de fureur pour tenter de briser leur chaîne. Je fuis. Je suis à l'extérieur des bâtiments déserts de la base.

Avant de l'avoir vue j'ai perçu le grondement des vagues. La plage est déserte. La mer est grise et métallique au-dessous du ciel de plomb. Épuisée, le cœur dans la bouche, je me jette sur le sol qui se referme sur moi. Je hurle avant que le sable, qui m'entoure et m'étouffe, n'ait atteint mes lèvres et rempli ma bouche.

Je me réveille en poussant un cri. Je suis en nage. Maman doit me serrer un long moment entre ses bras pour que les battements de mon cœur retrouvent un rythme normal.

– J'ai mal au ventre.

Maman sourit.

– Ninon, tu sais pourquoi tu es malade, j'espère ?

Bien sûr que je sais. Les sorbets. Mais bien entendu je ne le lui avoue pas.

12

Le lendemain matin, vers neuf heures, il fait gris sur le bassin à flot. À l'intérieur des terres, le soleil joue à cache-cache avec de gros nuages gris qui parcourent le ciel d'un bout à l'autre de l'horizon.

Si moi je vais à peu près bien, en revanche, maman n'est pas franchement gaie.

Elle m'embrasse sur le front d'un baiser distrait sans même me demander comment je me porte. La petite radio qu'elle écoute tous les matins en déjeunant est éteinte. Je mets ça sur le compte du souci que je lui ai procuré cette nuit.

En fait, je comprends pourquoi elle est triste quand, une heure plus tard, je descends avec elle acheter du poisson frais au marché, place de la Fourche. À la devanture du marchand de tabac, le journal local annonce la nouvelle sur toute la largeur de sa première page :

LA SIXIÈME VICTIME DU TUEUR À L'ÉCHARPE DE SOIE

Le corps d'une jeune femme, pendu à la barre d'escalier du premier étage, a été retrouvé dans l'entrée d'un des immeubles du port des Minimes.

Après le repas de midi, maman n'a toujours pas retrouvé la forme. Elle hésite un bon moment avant de décider d'aller prendre son cours à la base. En montant dans la voiture, nous apercevons monsieur Galéa à l'intérieur de sa boutique, en grande conversation avec un client. Le gentil colosse nous sourit et nous fait un signe de la main amical quand la voiture passe devant sa devanture.

– Une sacrée chance qu'il travaille la nuit en dessous de chez nous. Grâce à lui, au moins, on peut dormir tranquille.

Maman, qui pourtant ne s'affole pas facilement d'habitude, vient enfin d'exprimer l'angoisse qui s'est emparée d'elle depuis l'annonce de la mort de la sixième victime.

Pauvre maman ! Si tu pouvais soupçonner que ta fille a découvert l'identité du *serial killer*, tu serais certainement encore bien plus angoissée. La mort de la sixième victime est la preuve que j'attendais. Le crime correspond au retour de Josip sur la base. Depuis ce matin j'ai eu le temps de bien y réfléchir : le tueur à l'écharpe de soie, c'est forcément lui !

Ce qui me reste à trouver maintenant c'est la façon dont je vais m'y prendre pour faire la preuve de ce que j'avance. Pour confondre le tueur, à La Palude je ne peux faire confiance qu'à une seule personne : Milos.

Avant même d'avoir stoppé la Scénic devant le hangar, Maman et moi nous rendons compte que quelque chose cloche sur la base. Les molosses ont disparu. Ils ne sont plus à l'attache dans la cour grillagée. La base tout entière est étrangement silencieuse et déserte. En tournant autour de la voiture, sans nous décider à rien faire d'autre, nous passons cinq bonnes minutes à attendre. Rien. Personne.

– Maman ? Je peux aller voir Milos ? Tu sais, le peintre dont tu as fait la connaissance hier.

Maman hésite.

– Où se trouve son atelier ?

– Là-bas, au bout de cette rue. Le hangar tout au fond. Ce n'est pas loin. Si tu cries fort ou si tu klaxonnes, je t'entendrai.

Maman jette un ultime coup d'œil autour de nous, sans trouver de raison de refuser.

– Vas-y. Mais si dans cinq à dix minutes Serge n'est pas revenu, je passerai te prendre. Nous rentrerons à La Rochelle.

De loin, j'ai aperçu le cadenas fermé qui interdit l'ouverture des portes du hangar. Le peintre n'est pas là. Tant pis.

C'est en passant devant le petit bâtiment anonyme que je me souviens de ce que Milos m'a dit la veille. « Je me suis installé un local, dans le bâtiment à côté de ce hangar. Il m'arrive d'y coucher quand je travaille tard le soir. » La porte de la baraque est fermée à clé. Mais – signe du destin – une des fenêtres est restée entrouverte. Il suffirait de faire rouler un bidon vide jusque sous la fenêtre, de passer la main par l'ouverture et de tourner le système mécanique qui permet de soulever le panneau vitré. De cette façon quelqu'un d'agile et de pas trop gros pourrait se glisser à l'intérieur.

Il fait une chaleur de four dans ce local fermé. À part le lit, un évier de métal, une vieille cuisinière et quelques casseroles accrochées au mur, on pourrait se croire dans un des autres ateliers de Milos. Un fouillis pas possible. Autant de châssis vierges, ou déjà peints, de pots, de boîtes et de tubes de peinture que dans le hangar à côté. En premier, ce qui attire mon attention, c'est le meuble bas, rempli de carnets de croquis, semblables à ceux que j'ai feuilletés dans le hangar.

Ces croquis-là n'ont rien à voir avec ceux que le peintre m'a fait admirer deux jours plus tôt. Non pas qu'ils soient mal dessinés, au contraire. Là, sur chaque page, Milos a dessiné la même femme, dans différentes poses. Une femme jeune, aux cheveux blonds, avec un visage aux traits réguliers. On ne distingue pas son regard. Sur chaque croquis, elle ferme les yeux, comme si elle dormait. Elle est allongée sur le sol. Sur tous les croquis, elle porte une large blessure en pleine poitrine. Elle ne dort pas, elle est morte !

Dans le même meuble, au fond d'un tiroir, il y a une pile de plusieurs journaux pliés. Je n'ai qu'à les ouvrir à la première page pour comprendre pourquoi Milos ne tenait pas à me montrer le carnet de paysages. Chatelaillon-plage, la pointe Saint-Clément, la rue du Temple et l'anse du Fouras, c'est à ces endroits qu'on a retrouvé le corps des quatre premières femmes étranglées avec une écharpe de soie par le *serial killer* !

Je ne l'avais même pas remarquée en entrant. La grande toile recouverte du drap est là, retournée contre le mur du fond. Je m'approche. Je soulève la toile, étrangement légère. Je la retourne. La femme blonde est allongée sur le sable de la plage. Au-dessus du corps sans vie, en contre-jour du paysage marin, l'homme en noir me fixe de ses yeux phosphorescents. Je ne peux retenir un hurlement qui me déchire la poitrine. J'ai peur. Peur comme je n'ai jamais eu peur de toute ma vie. Les yeux écarquillés, les oreilles en alerte, seule au milieu de la pièce surchauffée, je prends peu à peu conscience de ce que je viens de découvrir. Tout autour de moi le silence est devenu palpable. La vague de panique enfle et ondule à l'intérieur de ma poitrine. Il faut que je sorte de là, très vite. J'étouffe. Il faut que je retrouve l'air libre. Je veux courir, droit devant moi, m'enfuir pour retrouver les bras de maman et m'éloigner le plus vite possible de ce terrible cauchemar.

Je fonce vers la fenêtre pour enjamber le châssis. Hors de ces bâtiments maudits il ne pourra rien m'arriver. Je franchis la croisée pour retomber sur le dessus du bidon. Mon cœur se remet à battre. Je suis sauvée. Je sens à peine le choc de l'asphalte à travers les semelles de mes chaussures de sport. Sous un ciel bleu d'azur, j'aperçois le toit du hangar de l'autre côté de la baraque. Je suis sauvée. En passant le coin du bâtiment, la lumière éclatante des rayons du soleil m'aveugle et m'oblige à fermer les yeux. Encore éblouie, je fonce. Au même instant, comme dans un de mes cauchemars, j'entends ses pas qui approchent à quelques mètres de là. Nous sommes face à face, à une dizaine de mètres l'un de l'autre. Au grand jour, pour la première fois je remarque ses yeux. Un regard de fou. Des pupilles dilatées qui roulent dans leurs orbites. Le visage est pâle, couvert de sueur. Sans dire un mot, il tend les bras dans ma direction. Il veut m'attraper. Je me retourne pour fuir et courir encore plus vite, droit devant, en direction des champs de l'autre côté de la route.

Derrière moi, l'assassin hurle mon nom.

– Ninon ! Arrête ! Reviens !

Je ne me retourne pas. Foncer, droit devant, c'est la seule chance qui me reste si je veux échapper au sort qu'il a réservé à ses victimes.

13

Je meurs de soif. L'intérieur de ma bouche est sec comme du carton. Tout à l'heure j'ai cru pouvoir étancher ma soif en mâchant une herbe. Beeerk ! J'ai failli vomir.

Depuis, un goût amer me brûle la langue et le palais jusqu'au fond de la gorge. Si je ne parviens pas à boire dans les minutes qui viennent, je sens que je vais tourner de l'œil.

Courbée en deux, je dois m'efforcer de me coller le plus possible au ras du sol, pour échapper aux regards de l'assassin. C'est crevant et je n'avance pas. En plus de la soif, j'ai terriblement chaud. Je sens les gouttes de transpiration couler sur mon torse à travers mon tee-shirt. Ça fait combien de temps que je cours ? Une ? Deux heures ? Je n'en sais absolument rien. Plusieurs fois j'ai cru qu'il allait me débusquer. Je l'ai entendu qui criait et appelait, loin derrière moi. Maintenant c'est pire. Je ne l'entends plus. Je n'ai aucune idée de l'endroit où il peut se trouver. J'ai la trouille de tomber dessus. Il peut surgir à tout moment. De la tête aux pieds, je suis recouverte d'une pellicule de terre sèche qui a teint mes jambes, mes bras et mes vêtements d'une poudre ocre clair. Tout se met à tourner autour de moi. Ce ne sont pas les larmes qui roulent en petites boules marron sur mes joues desséchées qui vont étancher ma soif. Il faut que je trouve de l'eau très vite.

Comme un flash, l'image du paysage découvert de l'ULM me revient en mémoire. La rivière ! Quelle direction dois-je prendre pour la trouver ? J'essaye de me calmer et de réfléchir.

Hier, vu du ciel, il y avait un bouquet d'arbres. Vus d'avion, ils me semblaient grands et touffus. Où sont-ils ? D'où je suis je n'aperçois que des arbustes. Tans pis. J'y vais. Droit dessus. La peau de mes bras se hérisse. Derrière moi, au loin, je crois entendre les aboiements de plusieurs chiens. J'imagine l'assassin agrippé à la laisse des molosses lancés à ma poursuite. J'imagine son sourire cruel et ses yeux... Je ne prends même plus la peine de me courber pour me dissimuler le plus possible dans les hautes herbes. Je fonce. Splaaatch ! Je m'affale. Tête la première dans le petit cours d'eau. Je viens de me prendre le pied dans les racines aériennes d'un arbrisseau qui s'accroche à la berge. Le torse plongé dans l'eau, sans même contrôler sa clarté, j'avale à grandes gorgées une eau bienfaitrice qui me redonne vie.

Cette fois j'en suis certaine. Je les entends. D'abord les chiens. Sur ma gauche. Il semble qu'ils s'éloignent. Par contre, quelque part derrière moi, le bruit du moteur d'une voiture qui s'approche lentement devient de plus en plus net. Je rampe pour glisser jusqu'au milieu du cours d'eau peu profond. À l'image des rhinocéros qui vivent sur les grands fleuves africains, seuls mes narines et mes yeux émergent encore. Le sol vibre et le son résonne sous la surface de l'eau verte. Une ombre passe à quelques mètres au-dessus de la berge. J'ai bien fait de ne pas bouger. Furtivement, j'ai reconnu la couleur claire du toit de la camionnette de Boris. Boris, qui est très certainement le complice du *serial killer*.

Je dois retrouver maman, c'est la seule et unique personne qui ne me veut pas de mal autour de cette base maudite. En profitant le plus longtemps possible de l'abri du petit ruisseau, je devrais pouvoir m'approcher à quelques centaines de mètres du hangar. Mais ça va être long et pas facile.

Encore moins facile que je ne l'envisageais. Pendant plus d'une demi-heure j'ai rampé dans la boue. Quand le ruisseau a fait un coude pour s'éloigner de mon but, j'ai quitté l'abri de ses berges protectrices pour foncer droit devant moi. Au début j'ai cru que c'était gagné. J'ai parcouru plus de deux cents mètres en profitant de l'abri d'un champ de maïs. En arrivant à l'extrémité du champ j'ai vite déchanté. Un grillage, haut de trois mètres, se dressait devant moi. Franchir cette barrière en terrain plat c'est parfait pour se faire repérer. J'ai dû me taper un détour de plus d'un kilomètre.

Au moment où le soleil allait disparaître derrière l'horizon plat, une nouvelle menace a foncé droit sur la base. Accourus du fond de l'horizon, de gros nuages, noirs comme de la suie, sont venus s'accumuler au-dessus des baraquements.

Il ne fait plus chaud du tout. Le vent se met à soulever des nuages de poussière brune qui me font pleurer les yeux. Ça y est, les premières gouttes tombent tout autour de moi. En quelques minutes mes pieds pataugent dans une bouillasse collante. J'ai à nouveau soif, mais je n'ose pas boire cette eau sale qui suinte entre mes baskets.

Une seule consolation dans mon désespoir. Dans cette obscurité et sous ce déluge, l'assassin n'y voit pas mieux que moi.

Je tremble de froid. Il fait de plus en plus noir et j'ai toujours aussi peur. Je voudrais ma maman. Maman, qu'est-elle devenue ? N'est-elle pas tombée sur lui ? Non, ça c'est impossible. Je ne veux même pas imaginer le pire.

Je suis épuisée. Incapable de faire un pas de plus, je m'allonge dans la boue et les herbes gorgées d'eau. Je m'en fous maintenant. Il peut surgir devant moi, je ne bougerai pas. Je n'en peux plus. Contre mon corps, des choses visqueuses et froides courent entre ma peau et mon tee-shirt trempé. Loin, très loin, comme s'ils étaient dans le ciel, les phares d'une voiture parcourent l'horizon. Je ferme les yeux...

Le cercle de lumière blanche s'immobilise et vient se fixer sur moi. J'entends un grondement au-dessus de moi. Le bruit se fait plus intense. Ça siffle dans mes oreilles. Un vent tournoyant m'enveloppe et lèche mon corps grelottant. Je n'arrive pas à ouvrir les yeux tant la lumière crue m'éblouit. Une main me saisit l'épaule. C'est fini. L'assassin se met à crier.

– Elle est là. Arrivez vite, elle est en hypothermie.

Une chose lourde et chaude s'abat sur mon torse et mes épaules. Je plonge dans un long tunnel sombre. Je plonge...

Je suis bien. Je me sens toute légère. Je suis allongée dans un lit. J'ai la sensation de ne peser que quelques grammes et de flotter au-dessus du matelas.

J'ouvre les yeux. Papa est penché au-dessus de moi. Je ne l'ai pas vu souvent avec cet air-là. Papa ? Mais qu'est-ce qu'il fait là ? Je dois encore rêver. Il travaille et doit se trouver quelque part entre Paris et Singapour. Non ! Je ne rêve pas. Le visage de maman vient d'apparaître à côté du sien. Ils me sourient.

– Papa ! M'an !

Papa me passe sa main sur le front avant de m'embrasser longuement.

– Tu vas bien ma Nini ?

Je mâche et j'avale le coton qui m'a poussé dans la bouche pendant mon sommeil. Je me redresse des deux mains pour m'asseoir dans le lit. Maman me serre contre elle. Le bonheur.

– Impec ! Ce simple petit mot les fait rire tous les deux. Je vois bien que ça les soulage de me voir aussi en forme à mon réveil. Ça me redonne immédiatement la pêche. Maintenant j'ai hâte de tout savoir.

– J'ai dormi longtemps ?

Maman me sourit.

– Tu as dormi depuis hier soir, neuf heures. Depuis que l'hélicoptère de la gendarmerie t'a trouvée dans le champ. Jusqu'à maintenant.

Papa consulte son bracelet-montre.

– Dix-huit heures. Il est pile trois heures de l'après-midi.

– Zut ! J'ai fait de l'hélico et je ne m'en suis même pas rendu compte. Pendant cinq-dix minutes avec maman et papa on ne peut pas se parler à cause du docteur et de l'infirmière qui viennent s'occuper de moi. De ce côté-là, pas de souci. Je vais pouvoir quitter l'hôpital dès demain matin et continuer mes vacances

– Pas à La Rochelle en tout cas, affirme maman.

Je suis d'accord avec elle, d'autant que pendant que le médecin m'ausculte je retrouve la mémoire concernant les événements de la veille. À peine le toubib et l'infirmière ont-ils quitté la chambre que maman me demande de leur raconter ce qui s'est passé.

Je me redresse sur mon lit et leur souris. D'accord, je vais leur raconter. Je sais que ce n'est pas bien de mentir à des parents aussi formidables que les miens, je sais, mais je ne peux pas faire autrement. Je ne peux pas tout leur dire.

– Je suis entrée dans l'atelier de Milos. J'étais mal. Il faisait chaud. J'ai cru voir des choses.

Papa soupire.

– Il y a eu du bruit. J'ai eu peur. À un moment j'ai vu un homme courir vers moi.

– Qui était-ce ?

Je ne peux pas encore leur dire tout ce que je sais et ce que j'ai compris dans cette affaire.

Il faut que je sache d'abord ce qui s'est passé sur la base de La Palude.

– Je sais pas. Je ne l'ai qu'entraperçu. Après j'ai couru. Pendant longtemps.

Papa hoche la tête.

– Je crois bien que tu as cavalé ! D'après les gendarmes tu as parcouru environ dix-sept kilomètres dans l'après-midi.

– J'avais compris que les musiciens n'étaient pas nets... et puis je me suis raconté des histoires.

C'est au tour de maman de soupirer.

– Comme toujours ! Et ce coup-là ça aurait vraiment pu mal finir.

– J'avais peur de tomber sur ces types. Après il s'est mis à pleuvoir et j'étais perdue. C'est tout.

Maintenant c'est à leur tour de me raconter les épisodes où je n'étais pas là, ou pas disponible !

C'est maman qui s'y colle.

– Te souviens-tu que, lorsque nous sommes

arrivées à la base, il n'y avait personne ? Même les chiens de garde n'étaient plus là.

– Oui, oui ! T'inquiète, maman, j'ai pas perdu la mémoire.

– Dans la matinée la police et la gendarmerie ont fait une descente dans la chapelle et dans le bâtiment où les punks s'étaient installés. Ils les ont arrêtés en flagrant délit, alors qu'ils chargeaient le dernier camion.

– En flagrant délit de quoi, maman ?

– Trafic de drogue. Sous prétexte de faire une tournée avec son groupe dans les principales villes d'Europe, leur chef, Josip, fourguait sa saloperie aux mômes...

J'en reviens pas du langage de ma mère !

– Maman !

– Il n'y a pas d'autres mots pour parler de ça. Ce Josip avait été mis sous surveillance par Interpol depuis plusieurs mois. Mais les enquêteurs, malgré tous leurs efforts, n'avaient pas pu découvrir comment ce salopard transportait sa drogue.

– Et les autres ? Le pilote d'ULM et le peintre ?

– Serge et Josip se connaissaient avant que le pilote soit arrêté. Autrefois ils avaient fait quelques « affaires » ensemble. Quand Serge était sorti de prison, bien décidé à tourner la page, Josip avait repris contact, par d'anciens « amis » communs. Le trafiquant avait appris que Serge venait de s'installer ici, à La Palude. Un endroit idéal comme il en cherchait un depuis longtemps pour faire ses sales affaires. Josip y a installé ses « musiciens » et leur « matériel ». Mais les choses ont très vite mal tourné entre eux. Avant-hier Serge est allé voir Josip dans la chapelle pour lui dire de ficher le camp de la base. Ils se sont battus une nouvelle fois...

– Et le peintre ?

– C'est grâce à lui que la police a découvert le pot aux roses. Milos était un « sans-papiers ». Un réfugié de Bosnie, où il avait tout perdu, sa femme, ses parents, son travail, autrement dit toute raison de vivre. Il est venu se réfugier ici, en espérant qu'on l'oublierait. Malheureusement pour lui, Josip lui est tombé dessus. Comprenant ce qu'il pourrait tirer du savoir-faire et du talent de Milos, il l'a menacé d'aller le dénoncer pour qu'il soit renvoyé dans son pays. Au début Milos a accepté le chantage de l'autre. Mais, très vite, il s'est rendu compte de ce que le trafiquant attendait de lui. Au risque de se faire expulser, il est allé voir les gendarmes et leur a tout expliqué.

Même si j'ai manqué la fin, moi aussi je veux montrer à mes parents que j'avais enquêté et découvert pas mal de choses.

– La drogue était cachée dans les automates ?

– Oui.

Papa se penche sur moi pour m'allonger dans mon lit.

– Bon, tu te recouches et tu restes tranquille.

– Attends ! Maman, un dernier mot.

– Quoi donc ?

– Le *serial killer*... Je crois savoir... Faudrait prévenir la police.

Maman fait une drôle de tête. Elle plonge la main dans son sac pour en sortir le journal. C'est inscrit sur la première page en encore plus gros que pour le sixième meurtre. En plus il y a sa photo.

– Je ne voulais pas t'en parler. C'est terrible. Personne ne l'a jamais soupçonné.

Devant moi, la photo de monsieur Galéa entouré de plusieurs gendarmes se brouille et disparaît peu à peu dans un brouillard de larmes amères et salées.

Si ce livre t'a plu,
tu peux lire du même auteur

Le disparu de Cabrérac

n° 16 de la collection

En découvrant la grotte de Cabrérac, Manuel et Carole attisent la convoitise des habitants du village, mais dévoilent aussi des secrets enfouis depuis longtemps...

souris noire

Dans la même collection

1 **Pinguino**
Franck Pavloff

2 **Lambada pour l'enfer**
Hector Hugo

3 **Le Squat résiste**
Franck Pavloff

4 **Ippon**
Jean-Hugues Oppel

5 **Cauchemar-rail**
Stéphanie Benson

6 **Mon frère est un drôle de type**
Olivier Mau

7 **La Calanque des ermites**
François Joly

8 **Un privé chez les nababs**
Gérard Moncomble

9 **Embrouille à minuit**
Malika Ferdjoukh

10 **Nuit rouge**
Jean-Hugues Oppel

11 **Aladdin et le crime de la bibliothèque**
Marie et Joseph

12 **Wiggins et le perroquet muet**
Béatrice Nicodème

13 **Wiggins et la ligne chocolat**
Béatrice Nicodème

14 **L'Assassin de papa**
Malika Ferdjoukh

15 **Frères de sang**
Olivier Thiébaut

16 **Le Disparu de Cabrérac**
Alix Clémence

17 **Le Père Noël s'appelle Basile**
Pierre Pelot

18 **La Planque**
Frédéric Fajardie

19 **L'Inconnue dans la maison**
Stéphanie Benson

20 **Tonton tué**
Serge Quadruppani

21 **Marathon sur l'estuaire**
Hubert Ben Kemoun

22 **La Vengeance de la petite gitane**
René Frégni

23 **Pépé Grognon**
Jean-Loup Craipeau

24 **Un pavé dans la mare**
Robert Deleuse

25 **Une incroyable histoire**
William Irish

26 **Trois soleils mauves**
Marc Menonville

27 **L'aventure du pied du diable**
Arthur Conan Doyle

28 **Dans le grand bain**
Jean-Hugues Oppel

29 **Au bord de l'abîme**
Charlotte Armstrong

30 **Aladdin et la gare de Norvège**
Marie et Joseph

31 **Ninon et l'homme en noir**
Alix Clémence

[redacted]

Achevé d'imprimer sur Cameron
par **Bussière Camedan Imprimeries**
à Saint-Amand-Montrond
Conception graphique couverture :
Didier Thimonier
Dessin de la Souris noire : Lewis Trondheim
Typo dessinée par Anne Ladevie
Dépôt légal : mars 1999
Loi n° 49.956 du 16 juillet 1949
sur les publications destinées à la jeunesse
N° d'impression : 990732/1